Nichts für alle

Erste Auflage 2024
Originalausgabe

Brumaire Verlag, Erkelenzdamm 59/61, 10999 Berlin
www.brumaireverlag.de

Lektorat: Aaron Bruckmiller
Korrektorat: Marlen van den Ecker
Covergestaltung: Andy King (Illustration basierend auf dem Gemälde »Jorinda and Jorindal« von Mark Lancelot Symons)
Autorenporträt: Laura Stoppkotte
Satz: Andy King, Laura Stoppkotte
Schriftarten: »Lyon« von Kai Bernau, »Wand« von Andreas Faust und Stefan Endress, »Fleuron« von Mickaël Emile und Yves-Gabriel So

Printed in Germany
ISBN: 978-3-948608-47-7

Patrick Schreiner

Nichts für alle

Wie Politik und Wirtschaft uns den Sozialstaat kündigen

Brumaire

Inhalt

Die irritierende Gleichzeitigkeit von Rückschritten und Fortschritten

Vorwort von *Wolfgang M. Schmitt*

Nichts ist selbstverständlich. Das gilt für die Gesundheit ebenso wie für den Sozialstaat. Trotzdem halten wir beides für selbstverständlich und bemerken unseren Irrtum erst, wenn wir krank sind und die Klinik, in der wir behandelt werden müssten, kein freies Bett mehr hat. Wer nicht hören will, muss fühlen, sagte man früher kleinen Kindern. Uns Erwachsenen führt noch eine weitere Option zur Erkenntnis: Wir können lesen, zum Beispiel Patrick Schreiners Buch *Nichts für alle*, das uns die Facetten dessen vor Augen führt, was im Schwinden begriffen ist und oft geringgeschätzt oder schlicht gar nicht erkannt wird. Die Errungenschaften des Sozialstaats, die seit nunmehr vier Jahrzehnten rückgebaut werden, sind bisweilen nur noch als Ruinen kenntlich, die davon zeugen, was einmal möglich war.

Schreiner zeigt zwar an vielen Stellen anhand guter Beispiele, wo und wie der Sozialstaat trotz allem noch immer leistungsfähig ist, schließlich gibt es noch immer engagierte Menschen: Doch die Regression ist ungeheuerlich. Die Gleichzeitigkeit ist erschütternd, wenn man bedenkt, welche technischen Fortschritte in den letzten vierzig Jahren stattfanden und wie viele Bestrebungen für mehr Gleichberechtigung inzwischen erfolgreich waren. Um es zu konkretisieren: Nie konnten Frauen oder Schwule und Lesben sich besser selbst verwirklichen und via Smartphone und Social Media Freundinnen, Gefährten und Geliebte finden (wenngleich noch nicht alle Ziele erreicht sind). Und auch heterosexuelle Männer können diese Egalisierung als Bereicherung ihres Lebens erfahren, sofern zum einen man sie nicht zum Feindbild erklärt, zum anderen sie selbst nicht auf rechte Propaganda hereinfallen, die ihnen diese Gleichberechtigung als Gefahr für die eigene

Identität verkaufen will. Kurzum: Alle könnten recht heiter durch die Straßen laufen, aber die Realität ist eine andere.

Der Weg zurück in die 1960er Jahre ist für alle eine Sackgasse, die einmal von der Freiheit der Gegenwart gekostet haben. Aber diese Freiheit endet jäh dort, wo es individuelle Entfaltung nur gegen Geld gibt. Das mit Dating-Apps ausgestattete Smartphone führt – bei aller berechtigten Kritik an der Kommodifizierung des Selbst – Menschen digital zusammen; um sich aber besuchen zu können, benötigt man eine kostengünstige und funktionierende Bahn; um zusammenziehen zu können, ist bezahlbarer Wohnraum unabdingbar; um eine Familie zu gründen, braucht es gute Kitas und Schulen. Ebenso endet die Emanzipation dort, wo keine Kinderbetreuung angeboten oder die Altenpflege an der Frau hängen bleibt. Reiche haben diese Sorgen nicht. Wer weniger hat, ist in diesem System aber unfrei. Nur formal über gleiche Rechte zu verfügen, ist wie einen Führerschein zu haben, aber kein Auto.

Jedoch stellen uns die Kapitel des Buches auch Menschen vor, die einsam oder gemeinsam gegen den weiteren Verfall des Sozialstaats kämpfen oder bereits seinen Wiederaufbau organisieren. Dass wir hierbei mehr als einmal an den gegen Windmühlen kämpfenden Don Quichotte oder an Sisyphos, der vergeblich einen Felsbrocken den Hang heraufrollte, denken müssen, liegt an der hartnäckigen Gegnerschaft des Sozialstaates, die zu identifizieren ist als die Vertreterinnen und Vertreter der Privatwirtschaft, als konservative, neoliberale bis formal sozialdemokratische und grüne Politikerinnen und Politiker, bürgerliche Medienleute und letztlich als die kapitalistischen Dynamiken, denen sich die zuvor genannten unterwerfen. Aber auch jene, für die es die sozialstaatlichen Einrichtungen gibt, die durchschnittlich oder wenig verdienenden Bürgerinnen und Bürger mutieren mitunter zu erbitterten Feindinnen und Feinden, weshalb beispielsweise Privatisierungsmaßnahmen in der Vergangenheit oft mehrheitlich mit Zustimmung, noch öfter mit Gleichgültigkeit goutiert wurden. Dem entsprechen die gefühlten Fakten, die kursieren, wenn von einem aufgeblähten Sozialstaat die Rede ist, was Schreiner aber gleich zu Anfang dieses Buches widerlegt: 2022 lagen die Sozialabgaben bei »30 Prozent des Bruttoinlandsprodukts, 1975 waren es allerdings auch schon über 26 Prozent und 2000 fast 29 Prozent.«

Bestimmend geworden ist jedoch ein Diskurs, der merkwürdige Allianzen gebildet hat. »Den Liberalen und Konservativen ist es im Verbund mit den Arbeitgebern gelungen, ein Zerrbild zu zeichnen«, erklärt Schreiner. »Sie lassen glauben, dass der Sozialstaat die Menschen in zwei Gruppen teile: in jene, die ihn bezahlen – und jene, die abkassieren.« Der Fokus wird auf die Unterstützung von Arbeitslosen gelegt, alles andere – von den Kitas bis zu den Universitäten und Seniorenheimen – bleibt ausgeblendet, obwohl von diesen sozialstaatlichen Einrichtungen Menschen mit Job mindestens ebenso profitieren. Die ideologischen Verblendungen sind einschüchternd groß, wenn man beispielsweise bedenkt, dass eine Mehrheit in Deutschland die Interessen der Vermieterinnen und Vermieter stützt, indem Mietpreisbremsen von vielen als Wege in die Knechtschaft oder Erbschafts- und Vermögenssteuern als räuberische Enteignungen empfunden werden.

Schlaglichtartig zeigt dieses Buch, wie noch während der Kaiserzeit der soziale Wohnungsbau in Deutschland und Österreich begann. Nichts ist hier einfach entstanden, sondern es wurde politisch erkämpft, intellektuell erstritten und ist schon deshalb nicht auf Ewigkeit gegründet. Als kommunale Wohnungsunternehmen nach dem Ersten Weltkrieg an Bedeutung gewannen, trafen sie nicht nur auf Unterstützung: »Kleinvermieter befürchteten Konkurrenz und wehrten sich mit liberaler und konservativer Hilfe dagegen.« Und als man in der Helmut-Kohl-Ära beginnt, sich von der Wohngemeinnützigkeit zu verabschieden, jubelt der Bundesverband der Deutschen Industrie. Der Grund: »Viele seiner Mitgliedsunternehmen hatten mit staatlichen Subventionen Millionen Werkswohnungen gebaut. Die wollten sie nun profitabel loswerden – das Gemeinnützigkeitsrecht aber verbot den Verkauf an Nicht-Gemeinnützige.« Das aber ist erst der Anfang. Die größte Privatisierungswelle sollte noch kommen: »Bund und die Länder haben ihre Bestände fast vollständig privatisiert, 1999 bis 2017 insgesamt 470.000 Wohnungen. Bei den Kommunen waren es im gleichen Zeitraum 226.000«, stellt Schreiner fest, und zwar nüchtern – zum Glück, denn wütend ist man während des Lesens ohnehin laufend.

Die anderen Kapitel stimmen nicht milder – wenn wir etwa von der Einführung der Fallpauschalen in Krankenhäusern lesen, die es ermöglichte, Kliniken in profitable Unternehmen zu verwandeln, zum Leidwesen der Patientinnen und Patienten und des Personals. Und zur Freude der Bullshit-Job-Industrie, die nun viele Controllerinnen und Controller hervorbrachte, die über die neue Bürokratie wachen. Nur eine von vielen schockierenden Erkenntnissen: »Die Gewerkschaft ver.di hat 2015 Zahlen zur Besetzung von Pflegestationen erhoben. Das Ergebnis: Auf Normalstationen arbeiteten fast zwei Drittel der Pflegekräfte nachts alleine und betreuten dabei durchschnittlich 26 Patientinnen und Patienten.« Und wir erfahren, dass es durchaus anders geht, etwa in Dänemark und Norwegen, wo mehr als doppelt so viele Pflegekräfte je 1.000 Einwohnerinnen und Einwohner vorhanden sind. Man wundert sich bei der Lektüre über viele Missstände, und immer wieder werden Auswege aufgezeigt. Nichts müsste so sein, wie es ist. Schreiner ist kein Verwalter des Status quo, im Gegenteil. Das zeigt sich auch, wenn er schlussendlich auf die irrwitzigen Schuldenregeln zu sprechen kommt: »Es ist absurd: Unternehmen können ihre Investitionen durch Kredite vorfinanzieren, dem Staat bleibt diese Möglichkeit aber weitgehend verwehrt.«

Noch etwas ist absurd. Zwischen den Absätzen drängt sich dem oder der Lesenden immer wieder die Frage auf: Warum hören und sehen wir dies so selten in den Medien? Gewiss wird man täglich punktuell aufgeklärt über Missstände und Versäumnisse, aber wirklich bestimmend sind stattdessen Debatten über angeblich unkontrollierte Zuwanderung, die vermeintlich faule *Gen Z* oder Streitigkeiten zwischen Regierungsmitgliedern. Eine häufige Erklärung lautet, die Medienleute erlebten diese im Buch geschilderten Wirklichkeit nicht. Aber stimmt das tatsächlich?

Es mag für Fußballprofis, Rockstars und Vorstandsvorsitzende von Dax-Konzernen gelten, dass diese sich gut vor der Realität und ihren Problemen abdichten können. In Limousinen mit Chauffeurinnen und Chauffeure, die einen in Luxushotels oder Privatkliniken fahren, denkt man nicht notwendigerweise an öffentliches Bauen, die staatliche Infrastruktur oder den Pflegeschlüssel. Für Journalistinnen und Journalisten aber sieht die Welt anders aus. Wenn es gut läuft, bringen sie zwischen 2.000 und 4.500 Euro netto nach Hause, müssen selbst Arzttermine buchen und günstigen Wohnraum suchen. Zwar haben sie laufend mit ökonomisch wie politisch mächtigen Menschen zu tun, sie selbst aber gehören nicht zur Einkommens- und nicht zur Politelite. Trotzdem glauben sie nicht selten, zu diesen Eliten zu gehören.

Diese berufliche Deformation finden wir in einem völlig anderen Berufsfeld wieder, nämlich bei den Verkäuferinnen und Verkäufern von hochpreisiger Mode. Wer auf der »Kö« in Düsseldorf, der Maximilianstraße in München oder der Goethestraße in Frankfurt die Filiale einer Luxusmarke betritt, wird dort von Leuten bedient, die sich weder eine Wohnung in Arbeitsplatznähe noch die Produkte leisten können, die sie verkaufen. Trotzdem agieren sie bisweilen dünkelhaft bis arrogant, wenn die Kundschaft nicht über den Habitus und die Insignien der Reichen verfügen. Sie imaginieren sich als reich, weil sie die Reichen bedienen. In Wahrheit arbeiten sie für ihre Vermieterinnen und Vermieter im doppelten Sinne: Sie verkaufen ihnen teure Handtaschen und Krawatten, und der Lohn, den sie dafür erhalten, fließt in die Mieten, die jenen direkt weiterfließen, sofern es Vermieterinnen und Vermieter sind, oder indirekt, sofern sie entsprechende Aktienportfolios von Immobilienkonzernen besitzen, womit sie wieder shoppen gehen können. Journalistinnen und Journalisten, die gegen Mietpreisbremsen und sozialen Wohnungsbau anschreiben, tun es den Verkäuferinnen und Verkäufern aus Luxusshops im Prinzip gleich: Sie arbeiten gegen sich selbst, weil sie sich mit einem Kunden beziehungsweise einer Interviewpartnerin verwechseln.

Schreiners Buch zeigt, welche sozialstaatlichen Fortschritte es einmal gab und in der kollektiven Erinnerung verschüttgegangen sind. Wie jedes interessante Buch löst auch dieses Assoziationsketten aus. Ich zum Beispiel wühlte zunächst in meinem Bildgedächtnis, was mich über den deutschen Tellerrand schauen ließ: Ich erblickte die Gesichter der Kinder, die der US-amerikanische Fotograf und Soziologe Lewis Hine festgehalten hat. Er reiste bis 1918 ganze 75.000 Kilometer quer durch die Vereinigten Staaten. Hine fotografierte dort Kinder, die zu Hungerlöhnen in Fabriken arbeiten mussten. Man sieht diese traurigen, ernsten, früh vergreisten Gesichter und denkt: So viele zerstörte Leben, die die Profite der herrschenden Klasse realisierten. Und während ich diese Zeilen tippe, bin ich mir nicht sicher, ob mein Laptop auch das Produkt von Kinderarbeit ist.

Der gedankliche Streifzug geht weiter. Er lässt mich ein Buch von George Orwell aufschlagen – nicht den zu Tode zitierten Roman *1984*, sondern die real existierende Dystopie *Der Weg nach Wigan Pier*. Das Buch entstand, als Orwell 1936 durch die Industriestädte Nordenglands reiste, um das Leben und Arbeiten der Bergleute zu studieren. Eindrucksvoll schildert Orwell, wie sie in verlausten, feuchten Betten in viel zu kleinen Wohnungen liegen. Der Hunger ist alltäglich, der Gestank von Kleidung, die nicht ordentlich gesäubert werden kann, ist unausstehlich, die Unterstützungen des Staates sind lächerlich. Die abgebaute Kohle ist entscheidend für den Reichtum der Wenigen, jedoch führt das nicht dazu, dass die Bergleute wertgeschätzt werden, im Gegenteil: Sie werden unterdrückt und zur totalen Passivität verdammt. Orwell schreibt über den Arbeiter: »Er handelt nicht, er wird behandelt.«

Wenn ein winziger Rest vom Lohn übrig bleibt, wird damit schlechtes Essen gekauft und Glückspiel betrieben, in der Hoffnung auf einen Ausweg. Und technische Geräte sind günstig:

»Zwanzig Millionen Leute sind unterernährt, aber im Prinzip hat jedermann Zugang zum Radio. Was wir an Nahrung verloren haben, haben wir an Elektrizität gewonnen.« Orwells Sätze hallen in unserer Gegenwart wider, in der gesunde Ernährung Luxus ist, man aber für wenig Geld Unmengen an Kleidung oder ein Smartphone kaufen kann. Das immer weiter um sich greifende Geschäft mit Sportwetten ist Ausdruck von Verzweiflung und Resignation: Niemand glaubt heute mehr an den Fahrstuhleffekt, wonach es durch hohe Wachstumsraten und soziale Politik allen besser geht. Nur noch der Einzelne oder die Einzelne kann es angeblich schaffen.

Die Zertrümmerung des Sozialstaats hat diese Ideologie zu neuer Blüte getrieben. Manchmal wird gesagt, schreibt Orwell, »dass die ganze Sache ein hinterhältiges Manöver der herrschenden Klasse ist – eine Art ›Brot-und-Spiele‹-Trick, um die Arbeitslosen unten zu halten. Nach dem, was ich von unserer herrschenden Klasse gesehen habe, bin ich nicht überzeugt, dass sie über so viel Intelligenz verfügt.« Orwell kommt hier also nicht daher mit einer Verschwörung der Elite, und auch unseren heutigen Eliten können wir sicherlich ebenfalls Klugheitsdefizite diagnostizieren. Was also ist die Antwort?

»Die Sache ist geschehen, aber durch einen unbewussten Vorgang – die ganz natürliche Wechselwirkung zwischen den Fabrikanten, die einen Markt, und den halbverhungerten Leuten, die billige Linderungsmittel brauchen«, argumentiert Orwell. Und damals wie heute werden die Käuferinnen und Käufer dieser Linderungsmittel dafür gescholten, dass sie genau dem nachkommen, was das Kapital begehrt. Damit ist die Herrschaft nicht nur eine ökonomische, sondern auch eine moralische: Wer arm ist, Chips isst und *Fast Fashion* kauft, wird zum unmündigen Subjekt erklärt, das nicht handeln darf, sondern von oben herab behandelt werden muss.

Mein Blick schweift weiter, denn es wurde dann wider Erwarten besser. Sehen wir uns noch einen Dokumentarfilm an: Ken Loachs *Spirit of '45*. In jüngster Zeit wird von Wachstumskritikerinnen und -kritikern fälschlicherweise die britische Kriegswirtschaft als Zukunftsmodell verherrlicht. Gewiss, es gab Preisbindungen, die in Zeiten von Inflation von Vorteil sind, doch es herrschte in großen Teilen der Bevölkerung bittere Armut. Als der Zweite Weltkrieg gewonnen war, wuchs die Sorge unter den Arbeitern, dass es erneut wie nach 1918 sein könnte. Damals warteten Massenarbeitslosigkeit und Elend auf jene Männer, die man mit Patriotismus an die Front getrieben hatte. Orwell schreibt über die Heimkehrer des Ersten Weltkriegs: »Die Männer, die gekämpft hatten, waren mit großartigen Versprechungen angeworben worden, und jetzt kamen sie heim in eine Welt, in der es keine Arbeit und nicht einmal irgendwelche Häuser gab.«

Nach 1945 aber kam es anders, die britischen Soldaten mussten nach ihrem Sieg über Nazi-Deutschland nicht zurück in die Hütten, während das Kapital in den Palästen logierte. Die Labour-Party gewann die Wahl und dies verhalf dem Land nicht nur zu einem gigantischen Wirtschaftswachstum, sondern bescherte der arbeitenden Klasse erstmalig etwas Wohlstand: Der Staat übernahm die Gesundheitsvorsorge, für Arbeiterinnen und Arbeiter wurden 200.000 bis 300.000 Wohnungen errichtet, die Minen wurden ebenso verstaatlicht wie die Bahn. In Loachs Film erinnern sich Zeitzeuginnen und -zeugen an diesen Aufbruch. Zum ersten Mal wurde Politik für die arbeitende Bevölkerung gemacht und nicht gegen sie. Es ist ein Film, der einen wahrhaft rührt. Er erzählt von Vergangenem und von durch Neoliberale wie Thatcher und Blair später Zerstörtem, aber er ist auch fast ein Science-Fiction-Film, der zeigt, wie die Zukunft wieder aussehen könnte. Und diese Zukunft würde sogar noch besser sein, weil die emanzipatorischen Fortschritte in der Nachkriegszeit noch auf der Stelle traten.

Patrick Schreiner zeigt in diesem Buch, was möglich war und wieder möglich werden könnte. Er macht uns aber nichts vor, denn an den vereinzelten Kämpferinnen und Kämpfern für den Sozialstaat sehen wir, wie schwierig, wenn auch nicht ganz aussichtslos, der Kampf ist. Lange Zeit hat sich gerade die Neue Linke mit diesem Kleinteiligen nicht abgeben wollen. Entweder man verharrte darin, Revolutionen in fernen Ländern zu bewundern, oder man betrieb Theorie um der Theorie willen und produzierte damit mitunter beeindruckende Abstraktionen, die nur nicht auf die Wirklichkeit treffen durften.

Zum Schluss noch ein Wort zu jenen, die ich Katastrophenlinke taufen möchte und deren Gedanken von einer recht eigenwilligen Marx-Lektüre herrühren. Sie gehen davon aus, dass Forderungen nach mehr sozialer Politik letztlich nur die Revolution verhindern, da so ein Scheinfriede zwischen Kapital und arbeitender Klasse hergestellt und wahrer Klassenkampf damit gezähmt werde. Und in gewisser Weise scheint die bundesdeutsche Geschichte dies zu bestätigen, da die Arbeitenden und ihre Vertreterinnen und Vertreter in Gewerkschaft und vor allem der Politik überwiegend mit großer Lethargie auf den in den 1980er Jahren begonnenen Sozialabbau reagierten. Viele Arbeiterinnen und Arbeiter haben mit ihren Stimmen bei der Wahl jenen zur Macht verholfen, die die neoliberalen Reformen dann durchsetzten. Mitunter glaubten sie die Versprechungen, dass alle Arbeitenden mit dem Kauf von Aktien Kapitalistinnen und Kapitalisten werden können. Sie glaubten gemeinsame Sache machen zu können mit denen, die auch über zu viel Bürokratie klagten: millionenschwere Unternehmerinnen und Unternehmer. Diese Arbeiterinnen und Arbeiter erkannten nicht den Unterschied zwischen sich, die umständliche Behördengänge für eine Autozulassung zu absolvieren hatten, und den Reichen, die möglichst unbürokratisch ihr Vermögen steuerfrei im Ausland parken wollten. Dennoch irren die Katastrophenlinken, wenn sie glauben, es müssten erst katastrophale Zustände herrschen, bis sich etwas zum Positiven bewegt. Bis es eine Art Erwachen gibt. Wo hat das je funktioniert?

Gewiss, es gab im zaristischen Russland eine Revolution. Aber den Menschen ging es dort immer schlecht und daraufhin lösten sie ihre Ketten. Die Bevölkerung verarmte nicht, sie war stets arm. Ähnliche Aufstände und Revolutionen können wir in Entwicklungsländern immer wieder beobachten – oftmals erfolglos. In westlichen Ländern produziert der soziale Abstieg aber gewiss keine Solidarität, keine Revolution und keinen Fortschritt, es droht die Regression. Schreiner erzählt in diesem Buch die Geschichte der Arbeitslosen im österreichischen Marienthal: Elend macht Menschen nicht kämpferisch, sondern passiv und resignativ. Nichts deutet darauf hin, dass heute eine Verschlechterung der Lebensbedingungen in Deutschland zu fortschrittlicher Politik führen würde. Wenn der Kuchen kleiner wird, wächst der Verteilungskampf, nicht die Solidarität.

Rechte Parteien und Agitatorinnen sowie Agitatoren beschwören ununterbrochen Untergangsszenarien und verzerren die Gegenwart zu einem reinen Schreckbild. Der Kampf für den Sozialstaat hingegen beinhaltet utopisches Potenzial. Um es deutlich zu sagen: Jeder pünktlich fahrende Zug, jede günstige Wohnung, jedes neue Jugendzentrum ist bereits die Konkretion einer Utopie, die im Kapitalismus alles andere als selbstverständlich ist. Und wie geht es dann weiter?

Nun, der Sozialstaat ist auch ein Sicherheitsraum, in dem nicht zuletzt Denken des Unmöglichen ohne Angst erlaubt ist.

Einleitung
Nichts für alle?

Patrick Schreiner

Von außen konnte man das Gebäude für ein Hotel mit Alpenblick halten: Balkone, landestypische Holzvertäfelungen und viel Grün. Hier am Schliersee begann der Tourismus – im Sommer wie im Winter – schon früh im 19. Jahhundert. Als 1869 die Bahnstrecke nach München fertiggestellt war, kamen Skifahrerinnen und Wanderer in Massen, um sich zu erholen; um Bergluft, alpine Romantik und Natur zu genießen. Das ist bis heute so geblieben.

Das vermeintliche Hotel war aber keines, sondern ein Pflegeheim – und von Genuss und Erholung konnte nicht die Rede sein. Die »Seniorenresidenz« war ein Horrorhaus. Im Zuge von Corona-Untersuchungen kamen 2020 Zustände ans Licht, die zur behördlich angeordneten Schließung führten. Von verwahrlosten Bewohnerinnen und Bewohnern wurde berichtet, von mangelndem Personal und unhaltbaren hygienischen Zuständen. Ein Bewohner sei auf 44 Kilogramm abgemagert; einige hätten nur 100 Milliliter Flüssigkeit pro Tag getrunken. Die Staatsanwaltschaft ermittelte wegen des Verdachts auf Körperverletzung in 88 Fällen und untersuchte 17 Todesfälle.[1] Stellen Sie sich vor, Sie hätten in diesem Heim leben müssen.

Zustände wie diese haben immer mit den handelnden Personen zu tun. Sie haben damit zu tun, dass Menschen am falschen Ort das Falsche tun oder das Richtige unterlassen. Und doch greift eine solche Erklärung alleine viel zu kurz. Denn wenn eine sozialstaatliche Einrichtung und die behördliche Aufsicht derart versagen, dann liegt das immer auch an falschen politischen Weichenstellungen. Wir müssen das große Ganze in den Blick nehmen. Es ist gewiss kein Zufall, dass die »Seniorenresidenz« von einem privaten Unternehmen betrieben wurde – von einer Tochter des italienischen Konzerns »*Sereni Orizzonti*« (»Heitere Horizonte«).

Die »Seniorenresidenz« ist ein Extrembeispiel. Doch sie ist kein Einzelfall. Eine Kleine Anfrage der Fraktionen von Linkspartei, Grünen und SPD in der Bremer Bürgerschaft zeigte, dass im Land Bremen die Zahl behördlich festgestellter Mängel in privaten Pflegeeinrichtungen die in gemeinnützigen weitaus übersteigt. Bei den 53 gemeinnützigen Einrichtungen gab es zwischen 2018 und August 2022 insgesamt 188 Mängel, bei den 43 privaten hingegen satte 536.[2] Das ist eindeutig – und kein Zufall.

Wir haben den Sozialstaat in den letzten Jahrzehnten nicht klug entwickelt. Dass wir privaten Akteuren oft Vorrang vor gemeinnützigen oder öffentlichen gegeben haben, ist dabei nur ein Teil des Problems. Unser Vertrauen in die Fähigkeiten demokratisch gestalteter, staatlicher Einrichtungen hat abgenommen – weil der Markt es angeblich besser kann. Es gibt immer mehr private Krankenhäuser; Beteiligungsgesellschaften (*Private Equity*) kaufen reihenweise Labore und Arztpraxen auf; öffentlicher und gemeinnütziger Wohnraum ist im großen Stil an private Unternehmen gegangen; selbst in der Jugendhilfe und mit Schulen machen Private inzwischen einen Reibach. Privatisiert wird ständig und überall, auch wenn es heute oft im Stillen passiert.

Ein weiterer Teil des Problems: Wir haben den Sozialstaat finanziell ausgehungert. Gewiss, die Sozialausgaben steigen seit Jahrzehnten. Im Verhältnis zur Wirtschaftsleistung tun sie das aber bei Weitem nicht mehr so stark: 2022 lagen sie bei über 30 Prozent des Bruttoinlandsprodukts, 1975 waren es allerdings auch schon über 26 Prozent und 2000 fast 29 Prozent.[3] Insofern ist es Augenwischerei, wenn Arbeitgeber und Politik regelmäßig Panik wegen angeblich explodierender Sozialkosten schüren.

Die Höhe der Sozialausgaben ist alleine ohnehin wenig aussagekräftig. Zu berücksichtigen sind vielmehr auch die Bedarfe. Und die wachsen. Der demografische Wandel ist dafür nur ein Grund. Wenn es mehr Ältere gibt, dann kostet das nun einmal Geld – das unsere Gesellschaft um der Menschenwürde Willen aufzubringen hat. Oder sollen wir Rentnerinnen und Rentner von unserem Lebensstandard und von guter Gesundheitsversorgung abkoppeln? Nicht zuletzt, weil die heute Jungen irgendwann alt sein werden, kann dies in fast niemandes Interesse sein.

Hinzu kommt: Soziale Ungleichheit verursacht Kosten, wenn wir verhindern wollen, dass Teile der Bevölkerung noch mehr abgehängt werden. In Deutschland sinken die Einkommensanteile der unteren 50 Prozent der Bevölkerung im Trend seit Jahrzehnten, während die Einkommensanteile der obersten 10 Prozent steigen. Und zwar vor und nach Steuern. Armut nimmt zu. Diese Entwicklung ist nicht vom Himmel gefallen, sondern Ergebnis politischer Entscheidungen.[4]

Wegen dieser wachsenden sozialen Ungleichheit braucht es den Sozialstaat. Er unterstützt beispielsweise ärmere Haushalte angesichts steigender Kosten für das Wohnen. Er berät und begleitet in schwierigen Lebenslagen. Er ermöglicht benachteiligten Jugendlichen Teilhabe und Bildung. Und nicht zuletzt entlastet er bei Kinderbetreuung und Pflege, wodurch er mehr Erwerbstätigkeit ermöglicht. Gerade Kinder aus armen Familien haben überdurchschnittlich viel davon, eine Kita zu besuchen. Wenn das dazu beiträgt, dass wir alle unsere Fähigkeiten und Talente bestmöglich einsetzen können, profitieren wir alle.

Ein starker Sozialstaat wirkt aber auch gegen die Ungleichheit zwischen Männern und Frauen. Er stellt beispielsweise die Weichen am Arbeitsmarkt so, dass Diskriminierung bei Löhnen und Jobs zumindest erschwert wird. Und er entlastet bei Kindererziehung und Pflege, was die Vereinbarkeit von Beruf und Familie erhöht. Das nützt vor allem Frauen, an denen andernfalls der größte Teil dieser Aufgaben hängenbleibt. Eine Studie zeigte 2024: Je mehr Geld ein Land in sein Pflegesystem investiert, desto geringer fällt die Ungleichheit zwischen Frauen und Männern bei der Pflege von Angehörigen aus.[5]

Damit ein Sozialstaat diesen wachsenden sozialen Bedarfen gerecht werden kann, braucht er Geld. Insofern gehört auch zur Wahrheit, dass die Sozialausgaben heute sehr viel höher wären, würden tatsächlich die Bedarfe gedeckt. Viel zu oft aber traten Regierungen in den letzten Jahrzehnten auf die Ausgabenbremse. Und die Privatisierungen hatten oft das Ziel, Geld einzusparen, nicht selten übrigens beim Personal.

Womit wir beim dritten Teil des Problems wären: Wir haben seit Jahrzehnten jene Menschen und jene Kompetenzen vernachlässigt, die das Rückgrat dieses Sozialstaats sind – die in Pflege und Gesundheitseinrichtungen, in Kitas, Schulen und bei sozialen Trägern, in Schwimmbädern und Bibliotheken, in den Sozialverwaltungen und kommunalen Ämtern. In vielen Bereichen hat man Personal abgebaut oder in Billigfirmen ausgelagert. In Pflege, Kitas und Sozialer Arbeit, wo enorme Mehrbedarfe an Personal schon lange absehbar waren, hat man weder ausreichend ausgebildet noch konsequent genug die Arbeitsbedingungen verbessert. Dass sich die Löhne etwa einiger Pflege- und Kita-Beschäftigter in den letzten Jahren überdurchschnittlich entwickeln, mussten und müssen die Gewerkschaften gegen erbitterten Widerstand von Arbeitgebern und Teilen der Politik durchsetzen.

Vor allem unter Liberalen und Konservativen hat der Sozialstaat keinen guten Ruf. Gleiches gilt für die Arbeitgeber und ihre Verbände, die in sozialer Absicherung vorrangig Kosten sehen. Zwar feiern sie den Sozialstaat gerne in Sonntagsreden, wenn sie über den Segen ihrer »sozialen Marktwirtschaft« schwadronieren. Sie brauchen den Sozialstaat, um zu begründen, weshalb Stark und Schwach, Kapital und Arbeit, Reich und Arm irgendwie zusammengehören und an einem Strang ziehen sollten. Oder anders formuliert: Weshalb es keinen Grund gebe, ihre »soziale Marktwirtschaft« infrage zu stellen.

Wenn es aber konkret wird, sieht es schon anders aus. Der frühere Kanzler Helmut Kohl etwa bezeichnete Deutschland mit Blick auf den Jahresurlaub von Arbeitnehmerinnen und Arbeitnehmern 1993 im Bundestag als »kollektiven Freizeitpark«. Der FDP-Politiker Guido Westerwelle glaubte 2010 in der Absicherung gegen Arbeitslosigkeit »spätrömische Dekadenz« zu erkennen, weil hier zu »anstrengungslosem Wohlstand« eingeladen werde. Gerne wird von »Sozialklimbim« geredet. So bezeichnete der CDU-Politiker Joachim Pfeiffer den Sozialstaat als solchen und der FDP-Politiker Frank Schäffler die Kindergrundsicherung. Und der spätberufene CDU-Parteichef Friedrich Merz gab 2022 in einem Gastbeitrag in der *Wirtschaftswoche* zum Besten: »Nicht staatliche Fürsorge, sondern mehr Eigenverantwortung ist gefragt, wenn wir den

Herausforderungen der nahen Zukunft gerecht werden wollen.« Was eben dieser Merz Arm in Arm mit dem FDP-Regierungspolitiker Christian Lindner wenig später in der Forderung konkretisierte, die Leistungen für Arbeitslose und aufstockende Erwerbstätige sollten trotz hoher Inflation nur wenig ansteigen. Ihre Begründung: Der Abstand zu den niedrigen Löhnen müsse gewahrt bleiben, sonst fördere der Sozialstaat Faulheit.[6] Dass dieser Abstand auch durch höhere Löhne gewahrt bleiben kann (und dank erhöhtem Mindestlohn gewahrt worden war), übergingen sie geflissentlich.

Einen besseren Ruf scheint der Sozialstaat in der Bevölkerung zu haben. In einer Umfrage stimmten 2021 über 90 Prozent der Befragten folgendem Satz »voll« oder »eher« zu: »Der Staat muss dafür sorgen, dass man auch bei Krankheit, Not, Arbeitslosigkeit und im Alter ein gutes Auskommen hat.« Im gleichen Jahr sagen in einer anderen Umfrage 61 Prozent der Befragten, der deutsche Sozialstaat sollte ausgebaut werden. Nur 23 Prozent hielten die soziale Sicherung für ausreichend.

Dieses Bild trübt sich allerdings ein, wenn der eigene Geldbeutel gefragt ist. Nur zwischen 25 und 40 Prozent wären laut einer OECD-Umfrage bereit, für eine bessere Rente, Pflege oder Gesundheitsversorgung etwas höhere Steuern oder Abgaben zu bezahlen. Ein denkbarer Grund für diese Zurückhaltung: Der Anteil derer, die glauben, »gar nicht«, »kaum« oder »weniger stark« vom Sozialstaat zu profitieren, ist mit 78 Prozent hoch. Unter armen Menschen ist der Wert kaum geringer.[7] Angesichts der Tatsache, dass ein Großteil der Bevölkerung etwa durch die gesetzliche Kranken- und Rentenversicherung abgesichert ist und öffentliche Schulen besucht oder besucht hat, ist dies bemerkenswert.

Eine mögliche Erklärung dafür: Den Liberalen und Konservativen ist es im Verbund mit den Arbeitgebern gelungen, ein Zerrbild zu zeichnen. Sie lassen glauben, dass der Sozialstaat die Menschen in zwei Gruppen teile: in jene, die ihn bezahlen – und jene, die abkassieren. Dieses Bild wird nicht zuletzt dadurch gestützt, dass sozialpolitische Debatten sich übermäßig häufig um Arbeitslosigkeit drehen, obwohl nur etwa 5 Prozent der Sozialleistungen überhaupt an Arbeitslose fließen, in manchen Jahren noch weniger.[8] Auch bestimmte Sendungen im Privatfernsehen, die im Umgang mit Medien überforderte Menschen mit kleinem Geldbeutel einem Millionenpublikum vorführen, zeichnen oft das Bild von den Bezahlenden und den Abkassierenden. Falsch ist das Zerrbild aus zwei Gründen: Erstens, weil in einem Sozialstaat immer alle Haushalte Zahlende und Empfangende zugleich sind (wenn auch jeweils in unterschiedlichem Maße). Und zweitens, weil ein Sozialstaat nicht nur umverteilt, sondern auch und vor allem Risiken abdeckt. Er unterstützt beispielsweise die, die alt, krank, erwerbsunfähig oder pflegebedürftig werden, die einen Unfall erleiden, die in einem schwierigen Elternhaus aufwachsen oder deren Erwerbseinkommen nicht zum Leben reicht.[9]

Dass Arbeitgeber, Liberale und Konservative kaum Interesse an »Sozialklimbim« haben, ist nicht weiter verwunderlich. Sie profitieren von geringen Sozialbeiträgen, niedrigen Steuern und schwachen Arbeitnehmerinnen und Arbeitnehmern. Wer einen dicken Geldbeutel hat, kann ohnehin selbst vorsorgen – anders als die alleinerziehende Verkäuferin, der chronisch kranke Wachmann oder die meisten anderen von uns. Dennoch finden Arbeitgeber, Liberale und Konservative mit ihren Thesen offenbar auch unter jenen Gehör, die auf den Sozialstaat angewiesen sind.

Unterm Strich jedenfalls hat die Politik in den letzten Jahrzehnten das Soziale zu gering geschätzt – oder wie sonst ließen sich Privatisierungen, Unterfinanzierung und Personalmangel erklären? Wie sonst ließe sich erklären, dass wir wichtige Aufgaben wie Pflege, Gesundheit, Schulen und Wohnraumversorgung oft profitorientierten Unternehmen am Markt überlassen? Oder dass wir nicht bereit sind, ausreichend Geld aufzubringen, um diese Aufgaben zu finanzieren? Oder dass die Arbeitsbedingungen und der Lohn derer, die diese Aufgaben erledigen, oft unterdurchschnittlich sind? Ein starker Sozialstaat, der Menschenwürde und soziale Teilhabe für alle garantiert, sollte sich am Gemeinwohl orientieren; er braucht ausreichend Geld und Personal. Und vor allem müssen wir ihn wieder wertschätzen.

Zwar leistet unser Sozialstaat nach wie vor unheimlich viel, und das oft in hoher Qualität. Aber die Mängel an vielen Stellen sind ebenso offensichtlich. Dass vieles noch immer gut funktioniert, ist nicht zuletzt den Beschäftigten zu verdanken. Unter oft widrigen Umständen halten sie den Laden am Laufen.

In diesem Buch begegnen Sie Menschen, die für sozialstaatliche Institutionen arbeiten. Sie pflegen, erziehen, versorgen mit Wohnraum, beraten, unterstützen, retten, begleiten Geburten und helfen in schwierigen Lebenslagen. Diese Menschen berichten hier über ihren Arbeitsalltag, über ihre täglichen und nicht so alltäglichen Aufgaben, über schöne und furchtbare Erlebnisse, über Arbeitsbedingungen sowie über das, was besser werden muss. Sie zeigen, was unser Sozialstaat zu leisten vermag, und sie zeigen, wo seine Grenzen liegen. Oft genug sind diese Grenzen politisch zu verantworten.

Die Idee des Sozialstaats: Einer für alle, alle für eine. Doch viele in Politik, Wirtschaft und Wissenschaft möchten diesen Deal kündigen. Am Ende könnte es weniger für alle geben.

Endnoten

1 Erlenkämper, J. (2021) »Senioren verhungert? Bayerns Horror-Altenheim macht dicht«, https://www.morgenpost.de/vermischtes/article233397811/altenheim-schliersee-senioren-verhungert-geschlossen.html (Abruf 10. November 2023).
Marks, M., Hawranek, C. und Gürkov, C. (2021) »Altenheim: Verdacht auf Körperverletzung bei 88 Bewohnern«, https://www.br.de/nachrichten/bayern/altenheim-verdacht-auf-koerperverletzung-bei-88-bewohnern,SSUO80n (Abruf 10. November 2023).

2 Bremische Bürgerschaft (2022) »Kommerzialisierung des Pflegesektors: Auswirkungen, Strukturen, Qualität«, Drucksache 20/1548.

3 Anonym (2023) »Sozialleistungsquote 1960–2022«, https://www.sozialpolitik-aktuell.de/files/sozialpolitik-aktuell/_Politikfelder/Finanzierung/Datensammlung/PDF-Dateien/abbII1a.pdf (Abruf 13. November 2023).

4 Eicker-Wolf, K. (2024) »Verteilungsfragen in der ›Zeitenwende‹«, in: Eifler, U. (Hrsg.) *Den Frieden gewinnen, nicht den Krieg. Zur Rolle der Gewerkschaften in der Friedensbewegung,* Münster: Westfälisches Dampfboot [im Erscheinen].
Deutscher Paritätischer Wohlfahrtsverband (2023) »Zwischen Pandemie und Inflation. Paritätischer Armutsbericht 2022«, 2. Aufl., Berlin.

5 Geyer, J. / Haan, P. / Teschner, M. (2024) »Ausbau der Pflegeversicherung könnte Gender Care Gap in Deutschland reduzieren«, in: *DIW Wochenbericht* 7, S. 95–103.

6 Evert, H. / Michler, I. (2013) »Viel Urlaub? Kein Problem!«, https://www.morgenpost.de/printarchiv/wirtschaft/article118654413/Viel-Urlaub-Kein-Problem.html (Abruf 12. November 2023).
Anonym (2010) »Westerwelle warnt vor Vollversorgerstaat«, https://www.spiegel.de/politik/deutschland/hartz-iv-debatte-westerwelle-warnt-vor-vollversorgerstaat-a-677163.html (Abruf 12. November 2023).
Anonym (2023) »›Sozialklimbim‹ – FDP-Politiker sorgt für Ampel-Aufreger«, https://www.ksta.de/politik/kindergrundsicherung-frank-schaeffler-fdp-sozialklimbim-kritik-renate-kuenast-lisa-paus-gruene-kanzler-olaf-scholz-ampel-636411 (Abruf 15. November 2023).
Anonym (2019) »Unmut in Union über ›Sozialklimbim‹-Äußerung«, https://www.spiegel.de/politik/deutschland/cdu-joachim-pfeiffer-zieht-unmut-mit-sozialklimbim-aeusserung-auf-sich-a-1268043.html (Abruf 15. November 2023).
Merz, F. (2022) »›Nicht staatliche Fürsorge, sondern mehr Eigenverantwortung ist gefragt‹«, https://www.wiwo.de/politik/deutschland/stabilitaet-normalitaet-und-sicherheit-nicht-staatliche-fuersorge-sondern-mehr-

eigenverantwortung-ist-gefragt/28745436.html (Abruf 12. November 2023).
Anonym (2023) »Merz verteidigt Spahns Kritik am Bürgergeld«, https://www.welt.de/politik/deutschland/article247205924/Merz-Wir-muessen-ueber-die-grundsaetzliche-Haltung-in-unserem-Land-reden.html (Abruf 14. November 2023).
Anonym (2023) »Bundesfinanzminister fordert eindeutigen Lohnabstand«, https://www.zeit.de/politik/deutschland/2023-09/buergergeld-erhoehung-christian-lindner-lohnabstand (14. November 2023).

7 Westle, B. / Auspurg, K. et al. (2021): »Allgemeine Bevölkerungsumfrage der Sozialwissenschaften 2021«, Köln: GESIS. Institut für Demoskopie. Allensbach (2021): »Gerechtigkeitsvorstellungen der Bürger und Erwartungen an den Sozialstaat«, https://www.ssoar.info/ssoar/bitstream/handle/document/74994/ssoar-2021-Gerechtigkeitsvorstellungen_der_Burger_und_Erwartungen.pdf (Abruf 13. November 2023).
OECD (2023) »Angesichts der Inflation sorgen sich Viele um ihre Finanzen, zählen aber auf die Unterstützung der Regierung«, https://www.oecd.org/germany/RTM2022-Germany-de.pdf (Abruf 13. November 2023).

8 Bundesregierung (2023) »Sozialbudget 2022«, Berlin.

9 Schreiner, P. / Eicker-Wolf, K. (2023) »Wirtschaftsmärchen. Hundertundeine Legende über Ökonomie, Arbeit und Soziales«, Köln: PapyRossa.

I – »Komisch, der kleine Tim flippt immer aus«

Jugendamt

Der Fall machte Schlagzeilen über Berlin hinaus. Ein zwölfjähriger Junge offenbarte sich im April 2007 dem Jugendamt Pankow in einem Gespräch, zu dem seine Mutter nicht erschienen war: Seit dem Sommer des Vorjahres müsse er seine drei jüngeren Geschwister alleine versorgen. Die Mutter lebe bei ihrem Freund. Er sei mit der Situation überfordert. Außerdem sei ihm peinlich, wie die Wohnung aussehe. Was er damit meinte, wurde klar, als die Polizei die Wohnung aufsuchte: Spinnweben überall, eine verfaulte Masse im Kühlschrank, daneben lebende und tote Fliegen, eine verkotete Toilette, der Fußboden voller Müll, Schmutzwäsche und Lebensmittelreste. In der unbenutzbaren Küche gab es keine Nahrungsmittel, im Flur der Wohnung lagen Margarine und Toastbrot. Am Fenster zum Innenhof aber das Bild eines Dinosauriers, die Tür mit bunten Fingerfarben verziert, auf einem Aufkleber die Losung: »Alles wird gut«.

Das Jugendamt nahm die vier Kinder umgehend in Obhut. Die Mutter war offenbar immer wieder in die Wohnung gekommen, um nach den Kindern zu sehen. Nach außen wurde die Vernachlässigung nicht sichtbar: Die Kinder hatten genug zu essen, waren stets den Jahreszeiten entsprechend gekleidet, gingen regelmäßig zur Schule, nahmen an Klassenfahrten teil und ihre schulischen Leistungen waren nicht auffällig. Nach der Inobhutnahme bemühte sich die Mutter, ihre Kinder nicht zu verlieren. Der Vater hatte die Familie schon vor Jahren verlassen.[1]

Wie immer in solchen Fällen war die Aufmerksamkeit von Medien und Öffentlichkeit groß. Doch dieser Fall war insofern besonders, als der Hessische Rundfunk aus dem Stoff 2008 einen von der Kritik gelobten Spielfilm machte – Aglaia Szyszkowitz spielte in *Der große Tom* die Mutter.[2]

Eine Ausnahme ist *Der große Tom* aber nicht. Kinder- und Jugendhilfe ist ein Dauerbrenner in Filmen. Kein Wunder, liefert sie doch Stoffe, die sich geradezu aufdrängen: erschütternde Schicksale, die sich gut mit einer gehörigen Portion Sozialkritik vertragen. So kam bereits 1959 in François Truffauts *Sie küssten und sie schlugen ihn* ein von seinen Eltern misshandelter Junge nach dem Diebstahl einer Schreibmaschine in ein Heim für Schwererziehbare. Der preisgekrönte Film *Systemsprenger* erzählte 2019 die Geschichte eines neunjährigen Mädchens, das zwischen Pflegefamilien, Psychiatrie und stationären Einrichtungen hin- und hergereicht wird. In einem Kölner *Tatort* wurde 2010 die Leiche eines Mitarbeiters des Jugendamts in einer Mietswohnung gefunden. Der Mann wollte die vernachlässigte Tochter der Mieterin am vorangegangenen Abend in Obhut nehmen. Eine solche Inobhutnahme versuchte 2010 eine Mutter und Zwangsprostituierte in dem ungarischen Film *Bibliothèque Pascal* rückgängig zu machen.

In *Der Fall Bruckner* spielte Corinna Harfouch 2014 eine Mitarbeiterin des Jugendamts, die für ein misshandeltes Kind kämpft. Nachdem sie allen Widrigkeiten zum Trotz die Misshandlungen nachweisen kann, steht sie Mutter und Sohn engagiert zur Seite.

Das gute Jugendamt als helfende Einrichtung – das ist ein Bild, das manche Filme zeichnen. In anderen Filmen kommt das Jugendamt schlechter weg – als ein unmenschliches Behördenmonster, das Kinder entzieht. So etwa in Ken Loachs Drama *Ladybird, Ladybird* von 1994, in dem eine verarmte Britin und ein Geflüchteter gegen das Jugendamt um ihr neugeborenes Baby kämpfen. In dem Fernsehfilm *In Sachen Kaminski* aus 2005, der auf einer wahren Begebenheit beruht, klagen lernbehinderte Eltern vor dem Europäischen Gerichtshof für Menschenrechte erfolgreich gegen die Bundesrepublik. Sie wollen ihre Tochter zurück – ein Gericht hatte diese zuvor auf Empfehlung des Jugendamts in eine Pflegefamilie gegeben.

Nichts beeinflusst das Bild von den Jugendämtern so sehr wie der Kinderschutz und die Inobhutnahme von Kindern und Jugendlichen. Und das keineswegs nur im Film. Auf der einen Seite steht dabei der immer wieder erhobene Vorwurf, Kinder würden zu früh oder zu Unrecht aus den Familien geholt. Auf der anderen Seite ist die öffentliche Aufmerksamkeit für das Thema insbesondere bei Fällen groß, in denen Kinder vernachlässigt oder missbraucht werden. Dann wird gerne ein strikteres Vorgehen der Behörden gefordert. Für die einen greifen die Mitarbeiterinnen und Mitarbeiter des Jugendamts zu früh ein und für die anderen zu spät. Und immer wieder kommt es zu Skandalen, bei denen das eine oder das andere tatsächlich der Fall ist.

Ludwig Rabe ist Mitarbeiter im Jugendamt einer westfälischen Kleinstadt. Die Erwartungen an seine Behörde kennt er, der eigentlich anders heißt: »Da rufen Nachbarn an und sagen, nebenan schreien die Kinder so viel, sorgen Sie mal dafür. Oder: Die nehmen Drogen, die klauen, machen Sie mal. Da ist immer die Erwartung, dass wir aktiv werden.« Es werden manchmal Maßnahmen erwartet, die Mitarbeitende des Jugendamts nicht durchführen dürfen. »Manche wollen zum Beispiel, dass wir einfach mal so unangekündigt vorbeifahren«, sagt Rabe. »Da wird von uns erwartet, dass wir im Grunde wie eine Ordnungsbehörde handeln. Das sind wir aber nicht.«

Jannik Gräfe heißt in Wirklichkeit auch anders. Er arbeitete vier Jahre im Allgemeinen Sozialen Dienst des Jugendamts einer rheinischen Kleinstadt – dem »besten Jugendamt der Welt«, wie er sagt. Er wollte zunächst Lehrer für Mathematik und Physik werden, entschied sich während des Studiums aber doch um. Nach einer Ausbildung zum Erzieher studierte er Soziale Arbeit. Seit 2018 war er im Allgemeinen Sozialen Dienst tätig. Er sah sich dort ebenfalls mit einer widersprüchlichen Haltung der Öffentlichkeit konfrontiert: »Wenn ich damals über meine Arbeit sprach, gab es nur zwei Arten der Rückmeldung: großen Respekt und ›Das könnte ich nicht‹. Oder: ›Ach Jugendamt, Ihr nehmt doch die Kinder weg.‹« Oft wüssten die Leute gar nicht, was das Jugendamt tatsächlich mache. Es gebe viele Mythen. Zum Beispiel, dass Kinder einfach weggenommen würden. »Wenn wir das machen, dann ja immer mit einem Grund«, fügt Gräfe hinzu. »Leider sind die einschlägigen Sendungen im Privatfernsehen nicht hilfreich, wenn es darum geht, ein realistisches Bild von unserer Arbeit zu zeichnen.«

Zu einem realistischen Bild gehört, dass Inobhutnahmen nur bei akuter Gefahr für das Kindswohl oder auf gerichtlichen Beschluss hin erfolgen – und nur, wenn die Gefahr nicht anderweitig abwendbar ist. Es sind zudem vorübergehende Maßnahmen. Während einer Inobhutnahme werden die Kinder und Jugendlichen in geeigneten Einrichtungen untergebracht, etwa Wohngruppen oder Pflegefamilien. Dann wird geklärt, wie weiter verfahren werden soll. Häufig kehren die Kinder anschließend wieder in ihre Familie zurück, die dann Hilfen erhalten und unterstützt werden.

Zu einem realistischen Bild gehört außerdem, die Aufgaben eines Jugendamts in ihrer ganzen Breite zu sehen. Denn diese gehen über den Allgemeinen Sozialen Dienst weit hinaus. Die Aufgaben bestehen also nicht nur in Hilfe bei Erziehung und Konflikten sowie dem Schutz von Kindern und Jugendlichen davor, misshandelt, missbraucht oder vernachlässigt zu werden. Sie umfassen beispielsweise Eingliederungshilfen für Kinder und Jugendliche mit seelischer Behinderung, Adoptionen, Kindertagesbetreuung, Kinder- und Jugendarbeit sowie Unterhaltsvorschüsse. Auch in Strafverfahren wirken die Jugendämter mit. Sie begleiten junge Angeklagte durch den Prozess, weisen vor den Jugendgerichten auf erzieherische Aspekte und mögliche Alternativen zum Strafverfahren hin und prüfen beispielsweise den Bedarf an Jugendhilfemaßnahmen. Nicht zuletzt unterstützen Mitarbeitende der Jugendämter unbegleitete minderjährige Flüchtlinge, und sie helfen jungen Volljährigen mit entsprechenden Bedarfen dabei, selbstständig zu werden.

Rabe ist studierter Pädagoge. Seinen Einstieg in den sozialen Bereich fand er durch die Arbeit als Zivildienstleistender in einer Wohngruppe. Nachdem er im Anschluss an sein Studium wieder in einer solchen Wohngruppe gearbeitet hatte, war er 25 Jahre bei einem freien Träger in der sozialpädagogischen Familienhilfe tätig. Er hat Familien in Fragen der Erziehung, bei Alltagsproblemen und der Lösung von Konflikten sowie Krisen begleitet. Seit einigen Jahren ist er nun in einem weiteren Aufgabenfeld der Jugendämter tätig, der Trennungs- und Scheidungsberatung.

»Trennungskindern wird der Boden unter den Füßen weggezogen«, sagt Rabe, »das ist für sie eine enorme Belastung. Es kann bis zur Kindeswohlgefährdung gehen, wenn die Eltern ihr Verhältnis zueinander überhaupt nicht hinbekommen.« Weshalb Jugendämter eine Beratung für betroffene Familien anböten. Solche Gespräche, an denen in der Regel beide Elternteile teilnehmen, seien nicht einfach. Rabe erinnert sich an eine Beratung, bei der die Eltern seit zehn Jahren getrennt waren und der Vater noch immer nicht mit der Mutter sprechen konnte. »Er konnte sie noch nicht einmal ansehen«, erzählt Rabe, »sowas finde ich erschreckend. Bei Trennungs- und Scheidungsgesprächen weiß man nicht: Was passiert gleich? Schreien die sich an?« Es könne aber auch richtig gut laufen, etwa wenn den Eltern klar sei: Trotz allem sind sie gemeinsame Eltern, und sie bleiben es, solange sie leben, und jetzt geht es um das Wohl des Kindes.

Lukas Dreesbach: »Ich wurde 1999 in einem Bonner Krankenhaus geboren. Aufgewachsen bin ich als Einzelkind in einem Dorf im Siebengebirge, das zu Bad Honnef gehört – in einer ländlichen Region also. Meine Eltern hatten dort ein Haus. Sie haben mich recht spät bekommen, meine Mutter ist in jenem Jahr 40 geworden, mein Vater 39. Schon damals hatte meine Mama Multiple Sklerose, mein Papa war Diabetiker. Und im Laufe der Zeit wurden beide immer kränker. Meine Mutter bekam später noch Krebs und eine Knochenkrankheit. Gegen ihre Multiple Sklerose hilft Cortison, aber ihre

Knochenkrankheit vertrug sich damit nicht. Mein Vater erlitt 2007 ein Burnout, er wurde arbeitsunfähig. Dann rutschte er in eine Depression und Alkoholproblematik. Sie konnten sich immer weniger um mich kümmern.Dazu kam, dass ich schon in der Grundschule gemobbt wurde. In der vierten Klasse hat eine Lehrerin im Kunstunterricht zu meinem Bild gesagt, es sei so hässlich, das könne man nicht einmal auf dem Klo aufhängen. Ich habe daraufhin Farbkästen geworfen, war sauer und enttäuscht. Soweit ich mich erinnern kann, sind damals die Probleme richtig losgegangen. Vielleicht gab es schon vorher Kontakte zum Jugendamt, aber jener Tag im Kunstunterricht ist meine früheste Erinnerung. Wer das Jugendamt eingeschaltet hat, weiß ich nicht. Meine Eltern vermutlich eher nicht, vielleicht die Schule. Die Polizei wurde damals auch gerufen, denn ich bin aus der Schule nach Hause abgehauen.

Etwas später bin ich dann auf die Realschule gewechselt. Auch dort gab es Mobbing. Das nahm mich sehr mit, ich war oft krank. Zugleich hatte ich aber Freunde, die mir zur Seite standen – einer ganz besonders.

Im Laufe der fünften Klasse hieß es vom Jugendamt, ich solle in eine Tagesklinik gehen. Frühmorgens bin ich von da an nach Bonn gefahren und nachmittags wieder nach Hause. Die Klinik lag auf einem großen Gelände mit mehreren Gebäuden, fast wie eine kleine Stadt. Innen wirkte sie schlicht. Eine Schule gab es dort auch. Von etwa neun bis zwölf Uhr war Unterricht. Nachmittags dann Ergotherapie und anderes, natürlich viel reden. Ich musste Medikamente nehmen, die mich ruhiger machen sollten. Welche genau das waren, weiß ich nicht mehr.

Die neue Situation führte dazu, dass Freundschaften zu anderen Kindern zerbrachen. Ich hatte mich geschämt, hatte Vorurteile und mich deshalb von den anderen distanziert. Möglicherweise hatten sie und ihre Eltern auch selbst Vorurteile gegenüber der Jugendhilfe. Im Nachhinein muss ich sagen, wir hätten in dieser Zeit viel mehr miteinander reden sollen.

Mein Aufenthalt in der Tagesklinik dauerte ein paar Monate. An viel erinnere ich mich nicht mehr, ich habe aber keine negativen Erinnerungen. Ich wollte das so schnell wie möglich erledigen. Im Grunde habe ich einfach mitgemacht in der Hoffnung, danach wieder auf die Realschule zurückkehren zu können. Dort hatte ich mich mit einem Jungen langsam angefreundet, aus Scham mich allerdings nicht von ihm verabschiedet. Ich dachte, ich komme ja wieder. Deshalb wollte ich unbedingt dorthin zurück.«

In Deutschland lebten 2019 insgesamt 13,7 Millionen Minderjährige. Das entsprach 16 Prozent der Gesamtbevölkerung. Im selben Jahr arbeiteten über eine Million Personen in fast 94.000 Einrichtungen der Kinder- und Jugendhilfe, Kitas eingeschlossen. In den Jugendämtern selbst arbeiteten 2018 über 55.000 Personen, davon über 17.000 im Allgemeinen Sozialen Dienst.[3]

Jugendämter gibt es bei den Kommunen und den Bundesländern. Die Prüfung von Hilfebedarfen und die Vermittlung in Leistungen der Kinder- und Jugendhilfe obliegt den kommunalen Jugendämtern. Über deren innere Organisation bestimmen die Landkreise und Gemeinden selbst. Die Leistungen, die sie vorzuhalten haben, sind hingegen durch Bundesgesetze vorgegeben. Die Kommunen erbringen diese Leistungen allerdings nur zu einem kleinen Teil selbst, beispielsweise die Betreuung in Kitas, Erziehungsberatung oder Unterbringung in Wohngruppen. In der Regel greifen sie auf freie Träger zurück – auf Wohlfahrtsverbände, Jugendverbände, Unternehmen und andere Organisationen. In Rahmenverträgen wird geregelt, welche Leistungen diese freien Träger erbringen müssen und wie die Kosten durch die öffentliche Hand erstattet werden.

Die Struktur der Jugendämter ist zweigliedrig. Ein Jugendamt besteht zum einen – wie jedes Amt – aus der Verwaltung, zum anderen aus einem Jugendhilfeausschuss. Über letzteren können Wohlfahrts- und Jugendverbände sowie Vereine die Arbeit des Jugendamts mitgestalten: Sie stellen zwei Fünftel seiner stimmberechtigten Mitglieder, drei Fünftel stellt das kommunale Parlament. So werden gemeinwohlorientierte Träger in politische Entscheidungen eingebunden.

Jannik Gräfe: »Ich hatte einen Fall, da sagte der Vater, er habe Angst vor seinem Sohn. Der Junge war fünf. Der Vater ist in einem Haushalt groß geworden, in dem sein eigener Vater seine Mutter immer wieder unter Alkohol verprügelt hat. Und er selbst war nachts immer wach, um zu sehen, wann er eingreifen müsse, jemanden anrufen müsse. Später wiederum rief das Verhalten seines eigenen Jungen Gefühle und Erinnerungen an seine Kindheit hervor, sodass er gar nicht angemessen Vater sein konnte. Das sind Fälle, in denen die Dinge nicht aufgearbeitet sind, in denen man tiefer schauen muss. Als Sozialarbeiter muss man da aufpassen, nicht ins Therapeutische zu gehen. Dafür sind andere zuständig.

Ein halbes Jahr später saßen wir zusammen und stellten fest, dass die Familie eine ganze Reihe der gemeinsam besprochenen Punkte abgearbeitet hatte. Der Junge war ruhiger geworden ist. Die Atmosphäre in der Familie war viel besser. Die Eltern haben gelernt, mit den Auffälligkeiten des Kindes anders umzugehen. Das war schön zu sehen, ein Erfolgserlebnis.

Aber es gibt auch schreckliche Erlebnisse in diesem Beruf. In einer Wohnung zu sein, in der bis zur Hüfte der Müll steht und die Kinder wuseln dazwischen herum. Inobhutnahmen, bei denen Du die Kinder siehst und denkst: ›Ihr Armen. Ihr dürft nicht mehr nach Hause und könnt nicht verstehen weshalb.‹ Oder das Fetale Alkoholsyndrom, wenn Mütter in der Schwangerschaft trinken. Damit hatte ich bislang selbst noch nicht zu tun. Mit verbrühten Kindern, mit Fällen von jahrelangen Misshandlungen, Missbrauch und Gewalt an Kindern hingegen schon. Oder mit Vernachlässigung. Sowas lässt man nicht einfach im Büro.

Wir hatten zum Beispiel eine Familie mit drei Kindern, die aus der Nachbarstadt zugezogen war. Schon dort gab es Kindeswohlmeldungen noch und nöcher. Man konnte nie genau sagen, dass eine Gefährdung vorliegt, aber ausschließen konnte man es eben auch nicht. Wir wollten, dass die Familie sich psychiatrisch untersuchen lässt. Sie signalisierten Zustimmung, wirkten immer freundlich und mitwirkungsbereit. Aber wenn es dann konkret wurde, passierte nichts. Dann kam Corona, nun lief nicht mehr viel. Hygienische Verwahrlosung. In der Schule waren die Kinder hochaggressiv, einer der Jungen ist mit einem Brotmesser auf eine Lehrerin losgegangen. Wir hatten Hinweise, dass die Kinder im Elternhaus möglicherweise Pornografie angesehen haben. Und dann kam eine Kindeswohlmeldung zur Tochter aus der Grundschule. Bis dahin war sie das unauffälligste der Kinder. Wir haben eine Gefährdungseinschätzung gemacht und sind zum Schluss gekommen, dass wir die Kinder in Obhut nehmen müssen. Leider musste man in diesem Fall sagen: Jeder Tag, den diese Kinder nicht zuhause sind, ist ein guter Tag.

Bei dieser Inobhutnahme war das ganze Jugendamt einen Tag lang beschäftigt. Ein Team für die Tochter, das war am einfachsten. Ich war mit einem Team für den Ältesten zuständig. Und es gab noch ein Team für den Jüngsten, da war die Polizei mit Blaulicht mit im Spiel. Er ist abgehauen, hat mit einem Messer gedroht. Sie konnten ihn irgendwann ruhigstellen – mit einem iPad.«

2022 führten die Jugendämter in Deutschland über 66.000 Inobhutnahmen durch. Mehr als jedes zehnte betroffene Kind bat selbst darum. Der häufigste Grund für Inobhutnahmen war die Einreise unbegleiteter minderjähriger Geflüchteter. Ihre Zahl schwankt stark, in jenem Jahr war sie deutlich angestiegen. Lässt man die geflüchteten Jugendlichen außen vor, waren überforderte Eltern mit 46 Prozent der wichtigste Grund dafür, dass Kinder in Obhut genommen wurden. In knapp 20 Prozent der Fälle griffen die Jugendämter wegen vernachlässigter Kinder ein, in 17 Prozent wegen körperlicher Misshandlungen.[4]

Ludwig Rabe hat vereinzelt Inobhutnahmen begleitet. Der Mitarbeiter eines westfälischen Jugendamts berichtet von zwei Mädchen, die direkt von der Kita zu Pflegeeltern gebracht wurden: »Ich dachte in dem Moment: ›Die armen Kinder. Die wissen gar nicht, wie ihnen geschieht.‹ Was keine Kritik am Vorgehen der Kolleginnen ist, sondern einfach die Sicht des Kindes beschreibt. Niemand im Jugendamt nimmt ein Kind aus einer Familie raus, wenn es nicht sein muss. Wenn ich mich recht entsinne, war damals eine massive Alkohol- und Drogensucht der Mutter der Grund.« Sie habe keine Besserung hinbekommen, trotz vieler Versuche und Angebote. Vor der Inobhutnahme war eine Erziehungshilfe in der Familie. »Wenn dann gesagt wird, es geht nicht mehr zuhause, weil der Kinderschutz nicht mehr gewährleistet ist – das ist für ein Kind einfach Mist«, sagt Rabe. »Die Pflegefamilie hatte die Mädchen herzlich aufgenommen.« Aber das mache die Situation der Kinder nicht besser.

Ein Grund dafür ist die quasi bedingungslose Liebe, die gerade kleine Kinder ihren Eltern entgegenbringen. »Kinder haben eine unheimliche Loyalität«, ergänzt Jannik Gräfe, »es ist einem Kind noch recht einfach zu erklären, dass die Eltern falsch handeln, wenn sie ihm Gewalt antun. Aber wie erkläre ich, wenn ein Kind emotional vernachlässigt ist? Wenn es nicht die Zuwendung und Zuneigung erhält, die es verdient hätte und braucht?« Das würden die Kinder nicht verstehen.

Lukas Dreesbach: »In die Realschule kam ich nicht mehr zurück. Ich bin in eine Intensivgruppe gezogen. Vor allem meinem Papa ist es schwergefallen, das zu akzeptieren. Meine Mama sagte, es sei für sie eine Entlastung und für mich eine Chance. Sie hat das unterstützt. Aber mein Vater war immer gegen dieses System. Ich selbst wurde vor vollendete Tatsachen gestellt, war sehr überrascht und enttäuscht. Wenn ich mich richtig erinnere, haben mir meine Eltern, die Fachkräfte in der Tagesklinik und das Jugendamt diese Entscheidung gemeinsam mitgeteilt. Die Zeit war für mich sehr schwierig und ich habe viel geweint.

Es war eine Fünf-Tage-Intensivgruppe. Die Einrichtung lag mitten im Wald und war eher altmodisch eingerichtet. Da bin ich fünf Jahre lang sonntagabends hingefahren und freitagnachmittags wieder nach Hause zu meinen Eltern. Auf dem Gelände habe ich eine Förderschule besucht, wobei schulische Leistungen nie mein Problem waren. Das Schwierige war das Sozialverhalten. Ich habe damals alles persönlich genommen, bin schnell laut und beleidigend geworden. In der Einrichtung gab es einen Beruhigungsraum. Wenn wir uns nicht benommen hatten, wurden wir da reinverfrachtet. Wenn ich darauf keine Lust hatte, habe ich gegen die Türen getreten und herumgeschrien. Heute kann ich mir das gar nicht mehr vorstellen, weil ich ein völlig anderer Mensch bin. An vieles erinnere ich mich aber auch gar nicht mehr.

Es gab klare Regeln, etwa zu den Schlafzeiten. Handy und Zugang zu elektronischen Medien hat man erst bekommen, wenn die Schulaufgaben und täglichen Arbeiten erledigt waren. Es wurden vielfältige Aktivitäten angeboten wie Spazieren im Wald, Fitness oder Kanufahren. Auch Ferienfreizeiten gab es. Die Betreuerinnen und Betreuer waren recht unterschiedlich – manche autoritär, andere liebevoll. Wenn man Persönliches mit ihnen besprochen hat, konnte es sein, dass sie das an ihre Kolleginnen und Kollegen weitergaben. Wenn ich aber das Bedürfnis hatte, mit ihnen zu reden, dann war mir das egal. Ich habe es in Kauf genommen.

Mit sechzehn oder siebzehn bin ich dann in die zweite Einrichtung gekommen, eine Regelgruppe. Ich hätte in der vorherigen Einrichtung bleiben können, aber das wollte ich nicht. Ich wollte etwas Neues. Nach fünf Jahren habe ich die bisherige Einrichtung mit einem lachenden und weinenden Auge verlassen. Dort habe ich unter anderem meine Liebe zum Sushi entdeckt.

Von da an bin ich nicht mehr so oft nach Hause gefahren. Meine Eltern haben sich am Wochenende viel Mühe gegeben, mir eine schöne Zeit zu bereiten. Aber es ging ihnen gesundheitlich immer schlechter. Meine Mama war in ihren Aktivitäten eingeschränkt, dennoch hat sie immer für mich gekocht. Ich habe das genossen, zugleich wusste ich, dass es ihr viel Arbeit bereitete. Sie hätte nie gesagt, dass es eine Last war. Trotzdem habe ich beschlossen, nicht mehr regelmäßig nach Hause zu fahren. Einfach, um meine Eltern zu schützen. Und weil sie sich häufiger gestritten haben. Auch vor mir.

Die neue Einrichtung war schön und modern. Sie war zentraler gelegen, mitten in einer eher ländlichen Wohnsiedlung mit guter Infrastruktur. Es gab drei Gruppen: eine Intensivgruppe, eine zur Verselbständigung mit eigenen Appartements und meine Regelgruppe. Kontakte habe ich schnell gefunden. Wir haben viel miteinander unternommen, sind etwa am Rhein spazieren oder in Clubs feiern gegangen. Man hat uns mehr Freiheiten zugetraut als in der anderen Einrichtung – wir waren ja auch erwachsener geworden. Es war im Grunde wie eine große Patchwork-Familie.

Ich habe mich immer für die Dienstpläne interessiert, weil ich wissen wollte, wann meine Lieblingsbetreuerinnen und -betreuer da sind. Und daraus hat sich im Laufe der Zeit ein Interesse an sozialen Berufen entwickelt. Ich habe mit siebzehn einen Schulabschluss entsprechend der Mittleren Reife gemacht, dann verschiedene Praktika, ein Freiwilliges Soziales Jahr in einem Kindergarten und mit zwanzig eine Ausbildung zum Kinderpfleger. Danach noch eine Ausbildung zum Erzieher. Die war nicht einfach – auch, weil ich in dieser Zeit meine Eltern verloren habe; zuerst meine Mama, der es immer schlechter gegangen war, dann meinen Papa.

Während meiner ersten Ausbildung bin ich zur Verselbständigung in ein Zweier-Appartement gewechselt, was natürlich weniger Betreuung bedeutete. Das war oben im gleichen Gebäude. Bad und Flur musste man sich dort teilen. Mein Mitbewohner galt wohl aus Sicht der Einrichtung als etwas schwierig. Vielleicht haben sie mich deshalb mit ihm in ein Appartement geschickt – ich war von allen möglichen Kandidaten der Entspannteste. Wir verstanden uns die meiste Zeit gut.«

Im Rat der Stadt Halle (Saale) herrschte Einigkeit von links bis konservativ: Um 2007 angesichts einer angespannten Haushaltslage Gelder einzusparen, sollte die Kinder- und Jugendhilfe ihre Angebote kürzen. Insbesondere die teuren stationären Maßnahmen wollte man beschneiden. So richtig gelang dies zunächst nicht, sodass man im September 2007 mit einer Dienstanweisung nachlegte: »Das Ziel der Dienstanweisung ist die Rückführung aller Kinder, Jugendlichen und jungen Volljährigen aus der Heimerziehung zum 30. 09. 2007 [...].«[5] Binnen vier Wochen sollten also alle Kinder, die in stationären Einrichtungen untergebracht waren, diese verlassen. Was in der Regel bedeutet hätte, sie wieder nach Hause zu schicken. Als ob es nie einen Grund gegeben hätte, sie dort wegzuholen. Wenn es denn überhaupt ein Zuhause gab.

Die Einsparungen, die hierdurch erzielt werden sollten, konnte die Verwaltung exakt beziffern. Wenn es gelänge, 90 Prozent der 314 Kinder aus den Heimen zu nehmen, hätte dies die Kosten um fast 2.185.500 Euro reduziert. Davon sollten knapp 1,7 Millionen dem allgemeinen Haushalt der Stadt zugutekommen, sprich das Defizit senken. Etwa eine halbe Million Euro durften die Sozialarbeiterinnen und Sozialarbeiter des Jugendamts »zur Unterstützung der Familiensysteme« einsetzen. Damit sollten also familienbegleitende Maßnahmen finanziert werden. Die aber hatten sich bei den betreffenden Familien schon in der Vergangenheit als nicht ausreichend erwiesen – weshalb man die Kinder ja herausgenommen hatte.

Halle sorgte bundesweit für Aufsehen. Die damalige Oberbürgermeisterin Dagmar Szabados (SPD) verteidigte die Dienstanweisung mit den Worten: »Es soll endlich gründlich und konkret geprüft werden, welche Kinder und Jugendlichen in ihre Familien zurückkönnen.«[6] Was allerdings ohnehin mindestens halbjährlich zu passieren hat. Denn nach der stationären Unterbringung ist das Jugendamt verpflichtet, regelmäßig die weitere Notwendigkeit der Maßnahme zu prüfen. Entsprechend verstimmt waren dessen Beschäftigte, unterstellte ihnen die Oberbürgermeisterin damit doch, dass sie falsche Entscheidungen träfen und ihren Pflichten nicht nachkämen.

Die Anweisungen der Verwaltung waren rechtswidrig. Denn auf die stationäre Unterbringung besteht ein Rechtsanspruch, wenn ein Bedarf vorliegt. Die öffentliche und fachliche Kritik war enorm. Die Stadtverwaltung konnte sich mit ihren Plänen nicht durchsetzen.

Halle war ein Extremfall. Aber gespart und gekürzt wird vielerorts. Kathinka Beckmann beobachtet dies seit Jahren. Die Professorin für Kinder- und Jugendhilfe an der Hochschule Koblenz sieht deutliche Unterschiede in der finanziellen und personellen Ausstattung der Jugendämter. Die Unterschiede seien allerdings nicht vorrangig in der Finanzkraft einer Kommune begründet. »Es kommt auch auf andere Aspekte an, etwa auf den politischen Willen, die politische Zusammensetzung des kommunalen Parlaments«, sagt Beckmann, »und auf die Frage, wie wichtig denen ein gut ausgestattetes Jugendamt ist. Nach drastischen Fällen des sexuellen Missbrauchs von Kindern wie in Lügde, Münster und Bergisch Gladbach ist man natürlich besonders darauf bedacht, den Jugendämtern ausreichend Geld und Personal zur Verfügung zu stellen.« Der Sozialarbeiter Jannik Gräfe spitzt das zu: »Das Kind muss erst in der Eistruhe liegen, damit der Allgemeine Soziale Dienst in den politischen Fokus rückt.«

Der Kostendruck verändert die Trägerlandschaft. Denn in der Kinder- und Jugendhilfe spielen Marktprinzipien und betriebswirtschaftliche Logik eine immer wichtigere Rolle. Professorin Beckmann sagt: »Seit den 1990er Jahren wurden EU-weit die sozialen Dienste ökonomisiert.« Die Idee dahinter sei gewesen, dass mehr Wettbewerb zu mehr Qualität, geringeren Kosten und spezialisierten Hilfen führe. »Bis dahin gab es nur die großen Wohlfahrtsverbände wie die Diakonie oder die Arbeiterwohlfahrt sowie andere Gemeinnützige wie den Kinderschutzbund. Sie waren gemeinwohlorientiert, durften ihre Überschüsse nicht als Gewinne ausschütten oder in hohe Vorstandsgehälter stecken«, fügt die Wissenschaftlerin hinzu. In diesen Jahren aber seien privatgewerbliche Träger zugelassen worden, die Gewinne machen durften. Die Neuen hätten nicht nur zusätzliche Leistungen angeboten, sondern sie arbeiteten oft zu geringeren Kosten – vor allem, weil sie geringer qualifiziertes Personal einsetzten und dieses schlechter bezahlten. Für die Jugendämter sei das bis heute attraktiv, weil billiger. »Wir müssen aber sehen: Ein echter Markt ist das nicht«, sagt Beckmann, »denn es gibt ja pro Kommune nur ein Jugendamt. Als Träger muss ich mich daher mit dem Jugendamt vor Ort gut stellen.« Hier drohe ein Unterbietungswettbewerb.

Finanzielle Kriterien treten damit einmal mehr neben oder gar vor fachliche Kriterien.[7] »Es dürfte häufig ungeschriebene Anweisungen geben, welche Träger bevorzugt belegt werden sollen«, sagt Jannik Gräfe, »da ist schon oft die Diskussion: Wer ist billiger? Auch wird gerne gesagt: Versuchen wir es erst mal mit etwas Günstigerem, zum Beispiel mit einer Einzelfallhilfe, bevor wir eine Tagesgruppe bewilligen.« Auch rede bei teureren Leistungen oft die Amtsleitung mit.

In der Fachdebatte war die drohende Ökonomisierung lange ein intensiv diskutiertes Thema.[8] Mittlerweile scheint Ruhe eingekehrt. Dies dürfte daran liegen, dass sich das Prinzip der Konkurrenz, private Anbieter und betriebswirtschaftliche Logik in der Kinder- und Jugendhilfe weniger durchgesetzt haben als etwa im Gesundheitswesen, in der Pflege oder im öffentlichen Verkehr.[9] Das Fachpersonal dürfte der Ökonomisierung ohnehin überwiegend kritisch gegenüberstehen. Und es kann diese Haltung von einer starken Position aus vertreten, beruhen die meisten Leistungen der Kinder- und Jugendhilfe doch auf Rechtsansprüchen. Halle dürfte mancher Jugendamtsleitung und Stadtspitze eine Warnung gewesen sein.

So kann Gräfe selbstbewusst sagen: »Es ist Aufgabe der Mitarbeiterinnen und Mitarbeiter im Allgemeinen Sozialen Dienst, für die Klientinnen und Klienten gut zu argumentieren. Und wenn das gelingt, dann bekommen sie die angemessene Maßnahme, selbst wenn sie teurer ist.« Was am Kostendruck allerdings, wie er betont, nichts ändert.

Und an der Gefahr, dass sich betriebswirtschaftliche Logik und Prinzipien der Konkurrenz zukünftig doch noch weiter durchsetzen, ebenso nicht.

Jugendämter können helfen. Aber sie können nicht heilen, was gesellschaftlich falsch läuft.

Unter Kindern und Jugendlichen ist Armut weit verbreitet. Fast 22 Prozent aller unter Achtzehnjährigen waren 2022 arm oder von Armut bedroht. Jene, die von einem Elternteil erzogen werden, sind in besonders hohem Maße betroffen. Fast jedes zweite dieser Kinder bewegt sich an der Grenze zur Armut – oder lebt schon jenseits davon. Die Armutsgefährdung steigt zudem mit zunehmender Kinderzahl. Je mehr Kinder in einem Haushalt leben, desto eher ist dieser von Armut betroffen oder bedroht.[10]

Kinderarmut hat in vielerlei Hinsicht Folgen. Oft ist die Wohnsituation schlecht, weil zu wenige Zimmer zur Verfügung stehen. Ein beengtes Zusammenleben hat wiederum Auswirkungen auf das Miteinander in einer Familie und auf die Persönlichkeitsentwicklung des Kindes. Die Ernährung ist häufig mangelhaft, ein Taschengeld bekommen arme Kinder seltener. Urlaube und Ausflüge erleben sie nur eingeschränkt. Kinderarmut wirkt sich ferner auf soziale Kontakte, Bildungschancen und die Gesundheit aus. Angst davor, stigmatisiert und ausgegrenzt zu werden, ist ein weit verbreitetes Gefühl betroffener Kinder. Freundschaften sind für sie mit Unsicherheiten verbunden. Selbst das Verhältnis zu den Eltern kann durch Armut Schaden nehmen. In der Schule bleiben arme Kinder häufiger sitzen, wechseln seltener in höhere Bildungsstufen und erreichen weniger qualifizierte Schulabschlüsse. Ihre Leistungen werden dabei oft schlechter beurteilt als die gleichen Leistungen von Kindern aus bessergestellten Familien. An außerschulischen Freizeitaktivitäten nehmen sie seltener teil. Und sie leiden überdurchschnittlich häufig etwa an Kopf- und Bauchschmerzen sowie Schlafstörungen.[11]

Arme Kinder machen zudem häufiger Erfahrungen mit der Jugendhilfe. »Es gibt einen Zusammenhang zwischen Jugendhilfe und Armut, ganz klar«, sagt der Sozialarbeiter Jannik Gräfe. »Da wiederholen sich Familiengeschichten in späteren Generationen.« Was nicht bedeutet, dass Hilfen durch das Jugendamt auf arme Familien beschränkt wären. Fälle für das Jugendamt gebe es in allen Klassen und Schichten, so Gräfe. Es gebe aber Unterschiede. »Bei sozial oder bildungsmäßig schlechter gestellten Familien geht es eher um Fragen wie Unterstützung in Geldfragen, Bewältigung des Alltags, Grenzen setzen«, fügt Gräfe hinzu, »bei bessergestellten Familien geht es häufiger um Themen wie gestörte Bindungs- und Beziehungsmuster oder psychische Erkrankungen der Eltern. Da sind die Kinder klassische Symptomträger. Das sind dann die Familien, bei denen nach außen hin alles perfekt ist, aber komisch, der kleine Tim flippt immer aus.«

Viele Jugendämter sind nicht nur unterfinanziert, sondern auch unterbesetzt. Die Bundesarbeitsgemeinschaft Allgemeiner Sozialer Dienst hat schon vor mehr als zehn Jahren festgestellt, dass 35 laufende Fälle die Grenze des noch professionell Leistbaren sind. Dabei sind akute Kinderschutzfälle und Inobhutnahmen nicht mitgerechnet. Die Professorin Kathinka Beckmann hat die Zahl der Fälle je Fachkraft vor einigen Jahren in einer Studie untersucht. »Zwischen 20 und 160 laufenden Fällen je Vollzeitstelle hatten wir alles dabei«, sagt Beckmann, »viele Studierende aus Jugendämtern, die bei uns berufsbegleitend einen Master machen, berichten von Fallzahlen um die 50.«

Das kann der Sozialarbeiter Jannik Gräfe bestätigen. In seinem Team waren 50 Fälle im Mittelwert normal. »Ständig zu wenig Personal, Dauererkrankte aufgrund der hohen Arbeitsbelastung«, teilt Gräfe mit. »Die Kolleginnen und Kollegen sind einfach durch, das macht dann einfach keinen Spaß mehr. Ich bin Sozialarbeiter geworden, weil ich helfen will, aber das geht bei so vielen Fällen nicht mehr.«

Für den Personalmangel gibt es viele Ursachen. Fehlendes Geld ist eine davon, der zunehmende Fachkräftemangel eine andere. Es gibt schlicht nicht genug Sozialarbeiterinnen und Sozialarbeiter. Für den Allgemeinen Sozialen Dienst ist dieses Problem besonders groß. Die Tätigkeit ist belastender und stressiger als in anderen Bereichen – und das bei einem kaum höheren Gehalt und einer geringeren gesellschaftlichen Anerkennung. Dies macht es schwieriger, Menschen für diese Arbeit zu gewinnen und sie dort zu halten. »Die Beschäftigten im Allgemeinen Sozialen Dienst bleiben oft nur wenige Jahre«, führt Gräfe aus, »und das, obwohl man nach drei Jahren erst wirklich eingearbeitet ist, weil es so vielfältig und komplex ist. Man hat also im Kollegium immer wieder massive Wechsel, da kommt keine Ruhe rein.« Gräfe selbst hat den Allgemeinen Sozialen Dienst 2023 verlassen.

Der ständige Wechsel bleibt nicht ohne Folgen für die Qualität. »Ein übergroßer Teil der im Allgemeinen Sozialen Dienst Beschäftigten steht noch am Anfang des Berufslebens«, sagt Professorin Beckmann, »ich kenne alleine hier in der Region drei Jugendämter, in denen die im Moment dienstälteste Person kein Jahr da ist.« An den Hochschulen werde nur in der Hälfte der einschlägigen Studiengänge Kinderschutz gelehrt. Und oft sei es kein Pflichtmodul. Das bedeute, dass viele junge Sozialarbeiterinnen und Sozialarbeiter nicht ausreichend über einschlägige Expertise verfügen. »Ihnen fehlt zum Beispiel Wissen über typisches Täterverhalten. Man kann ihnen das nicht vorwerfen – sie haben es schlicht nicht gelernt«, führt Beckmann aus. »Der Mangel an Expertise hat auch zur Folge, dass bestimmte Dienstanweisungen oder subtile ungeschriebene Regeln wie die, es erstmal günstig ambulant zu probieren, bevor man teuer stationär bewilligt, oft gar nicht als problematisch erkannt werden.«

Der Mangel an Sozialarbeiterinnen und Sozialarbeitern reicht weit über die Jugendämter hinaus. Auch Inobhutnahmestellen und Wohngruppen müssen ihre Kapazität reduzieren – bei vielerorts gestiegenen Fallzahlen infolge der Corona-Pandemie. Zugleich bleiben junge Erwachsene länger in den Einrichtungen, da sie oft keine bezahlbaren Wohnungen mehr finden. Entsprechend hoch ist die Auslastung. Der Deutsche Städtetag zeigte sich alarmiert: Häufig müsse inzwischen bundesweit nach freien Plätzen gesucht werden, um Kinder und Jugendliche überhaupt noch unterbringen zu können.[12] Darunter haben junge Menschen mit besonders ausgeprägten Problemen am meisten zu leiden. Denn manche Einrichtungen betreiben Rosinenpickerei: Da die Nachfrage das Angebot übertrifft, können sie die schwierigen Fälle ablehnen.

Lukas Dreesbach: »Ich hatte das Glück, dass mein erster Sozialarbeiter im Jugendamt mehrere Jahre nicht wechselte. Den Übergang in die Selbständigkeit haben dann zwei oder drei andere begleitet. Eine Mitarbeiterin wollte die Maßnahmen schnell beenden, als ich 18 Jahre alt wurde. Dann aber kam zum Glück eine neue, die sah, dass das für mich noch zu früh gewesen wäre. Sagen muss ich, dass die Gespräche im Jugendamt immer sehr schematisch waren: Punkt eins – check, Punkt zwei – check, Punkt drei – check, und so weiter. Man stand unter Druck, Leistung liefern zu müssen. Die emotionale Reife spielte eher keine Rolle.

Seitens der zweiten Einrichtung hatte ich damals eine Betreuerin, die mich im Übergang in die Selbständigkeit toll unterstützt hat.

Sie hat mit mir Ordner angelegt und mir erklärt, was ich wo abheften muss. Mit Behörden hat sie Tacheles geredet, etwa mit dem BAföG-Amt. Die brauchten viel zu viel Zeit, um meinen Antrag zu bearbeiten.

Meine erste eigene Wohnung habe ich mit zwanzig Jahren bezogen, da wurde ich noch ambulant betreut. Sie lag nur fünf Minuten von der alten Einrichtung entfernt. Vorher war ich immer in Gesellschaft. Es war immer jemand da und hat gefragt, wie mein Tag war. Die anderen Bewohner waren oft abends bei mir im Zimmer und haben Computer gezockt. Ich hatte die Hoffnung, dass das auch in meiner Wohnung so sein würde. Aber das war ein Irrtum. Es waren wohl doch keine Freundschaften. Es war eine Zweckgemeinschaft. Heute habe ich nur noch wenig Kontakt zu den jungen Leuten aus der Jugendhilfe.

Überhaupt sind Einsamkeit, Freundschaften und Vertrauen Thema, wenn man nach vielen Jahren die Jugendhilfe verlässt. Du sitzt plötzlich in einer eigenen Wohnung, und niemand ist da. Dazu kommen Zukunftsängste und finanzielle Ängste. Wer aus der Jugendhilfe kommt, hat oft kein familiäres Umfeld, das mit Geld unterstützt, wenn es eng wird. Und finanziell eng kann es immer werden. Ich hatte das Glück, dass mir mein Patenonkel geholfen hat, als das BAföG-Amt meinen Antrag so lange liegen ließ.«

Das Jugendamt kann junge Erwachsene zwischen 18 und 21 Jahren in ihrer Persönlichkeitsentwicklung und Verselbständigung unterstützen, in Einzelfällen sogar darüber hinaus. Diese Maßnahmen hat die Bundesregierung 2021 ausgeweitet – wenn auch nicht in dem Umfang, den sich Fachverbände wünschen. Seitdem gibt es aber immerhin einen echten Rechtsanspruch auf Hilfe, wenn ein entsprechender Bedarf besteht. Zuvor konnten Kommunen faktisch alle entsprechenden Anträge rechtssicher ablehnen. Was viele gerne machten.

Lukas Dreesbach wurde von der Jugendhilfe als junger Volljähriger beim Übergang in die Selbständigkeit unterstützt. Und das aus gutem Grund, wie er selbst sagt: »Mit achtzehn Jahren hätte ich überhaupt noch nicht die Reife gehabt, auf eigenen Beinen zu stehen.« Was ihn von vielen Menschen, die in ihren Familien aufwachsen, nicht unterscheidet. Heute engagiert er sich beim Verein *Careleaver*. Dort unterstützen sich junge Menschen gegenseitig, die eine ähnliche Geschichte haben wie er.

Endnoten

1 Anonym (2007) »Kinder lebten über Monate allein in Berliner Wohnung«, https://www.welt.de/wissenschaft/article837700/Kinder-lebten-ueber-Monate-allein-in-Berliner-Wohnung.html (Abruf 11. August 2023).
Anonym (2007) »Kinder verwahrlosen fast ein Jahr allein in Wohnung«, https://www.tagesspiegel.de/berlin/kinder-verwahrlosen-fast-ein-jahr-allein-in-wohnung-1483036.html (Abruf 11. August 2023).

2 Anonym (2008) »Spielfilm über vernachlässigte Berliner Kinder«, https://www.welt.de/regionales/berlin/article1722346/Spielfilm-ueber-vernachlaessigte-Berliner-Kinder.html (Abruf 11. August 2023).

3 Autorengruppe Kinder- und Jugendhilfestatistik (2021) »Kinder- und Jugendhilfereport Extra 2021. Eine kennzahlenbasierte Kurzanalyse«, Dortmund: Eigenverlag Forschungsverbund DJI/TU.

4 Eigene Berechnungen nach: Statistisches Bundesamt (2023) »Inobhutnahmen im Jahr 2022 wieder stark gestiegen: 40 % mehr Fälle als im Vorjahr«, https://www.destatis.de/DE/Presse/Pressemitteilungen/2023/06/PD23_246_225.html (Abruf 25. August 2023).

5 Fachbereich Kinder, Jugend und Familie der Stadt Halle/Saale (2007) »Dienstanweisung 93«, Halle.

6 Zitiert nach Herwig-Lempp, Johannes (2008) »Schlecht beraten: In Halle regiert der ›Roth-Stift‹«, in: *Forum Sozial* 1, S. 30–31.

7 Seithe, M. (2016) »Ökonomisierung und ihre Folgen in der Kinder- und Jugendhilfe«, in: Müller, C., Mührel, E. und Birgmeier, B. (Hrsg.): *Soziale Arbeit in der Ökonomisierungsfalle?*, Wiesbaden: Springer VS, S. 141–158.

8 Zum Beispiel: Dahme, H. / Wohlfahrt, N. (2003) »Aktivierungspolitik und der Umbau des Sozialstaates. Gesellschaftliche Modernisierung durch angebotsorientierte Sozialpolitik«, in: Dahme, H. und Otto, H. (Hrsg.): *Soziale Arbeit für den aktivierenden Staat*, Opladen: Leske + Budrich, S. 75–102.
Lutz, R. (2008) »Perspektiven der Sozialen Arbeit«, in: *Aus Politik und Zeitgeschichte* 12-13, S. 3–10.

9 Grohs, S. (2010) »Lokale Wohlfahrtsarrangements zwischen Beharrung und Wandel. Die widersprüchlichen Effekte von Ökonomisierung und Kontraktmanagement«, in: *der moderne staat* 3/2, S. 413–432.

10 Statistische Ämter des Bundes und der Länder (2022) »A.2 Armutsgefährdungsquoten«, https://www.statistikportal.de/de/sbe/ergebnisse/einkommen-armutsgefaehrdung-und-soziale-lebensbedingungen/armutsgefaehrdung-und-4 (Abruf 16. August 2023). Autorengruppe Kinder- und Jugendhilfestatistik (2021) »Kinder- und Jugendhilfereport Extra 2021. Eine kennzahlenbasierte Kurzanalyse«, Dortmund: Eigenverlag Forschungsverbund DJI/TU.

11 Laubstein, C. / Holz, G. / Seddig, N. (2016) »Armutsfolgen für Kinder und Jugendliche. Erkenntnisse aus empirischen Studien in Deutschland«, Gütersloh: Bertelsmann Stiftung.

12 Deutscher Städtetag (2022) »Fachkräftemangel Allgemeiner Sozialer Dienst«, Brief vom 29. November 2022.

II – »Für gute Kinderbetreuung braucht es Zeit«

Kita

Fast 2,9 Millionen Kinder besuchten 2021 eine von über 54.000 Kitas, hinzu kamen fast 150.000 Kinder in Tagespflege. Seit Längerem werden immer mehr Kinder in solchen Einrichtungen betreut, zunehmend auch unter Dreijährige.[1]

Seit 1996 haben Kinder in Deutschland einen Rechtsanspruch auf eine Betreuung ab dem dritten Lebensjahr, heute gilt dieser Rechtsanspruch auch für Ein- und Zweijährige. Politisches Ziel war und ist es, allen Kleinkindern einen Zugang zur frühkindlichen Bildung zu eröffnen. Zugleich sollen mehr Eltern – insbesondere mehr Mütter – die Möglichkeit haben, erwerbstätig zu sein. Schon mit der Umsetzung des Rechtsanspruchs hakt es allerdings gewaltig: 2023 fehlten bundesweit etwa 430.000 Kita-Plätze, die meisten davon in Westdeutschland.[2]

Dilara Özmen, deren Name hier geändert wurde, ist 35 Jahre alt, ihre Ausbildung zur Erzieherin schloss sie vor sieben Jahren ab. Seit drei Jahren lebt sie in Berlin und arbeitet in einer Kita. Aufgewachsen ist sie in Bremen, wo sie auch ihre Ausbildung gemacht hat – mit viel Idealismus und ohne Gehalt. »Die Ausbildung war unbezahlt«, sagt Özmen, »manche meiner Mitauszubildenden bekamen BAföG, viele aber nicht. Ich musste einen Kredit aufnehmen, um Erzieherin werden zu können.«

Die Berufswahl fiel Özmen schwer. Nach dem Abitur verbrachte sie einige Monate als Au-pair in den USA. Sie wusste nicht, was sie beruflich machen wollte. Nach ihrer Rückkehr hatte sich das nicht geändert: »Ich war überfordert«, teilt Özmen mit, »der Druck war groß. Jetzt musste ich mir etwas suchen, was ein Leben lang mein Weg sein würde.« Dann habe sie ein Vorpraktikum in einer Kita gemacht, das ihr gut gefiel. Dennoch habe sie sich zunächst in gänzlich anderen Bereichen ausprobiert: eine Lehre im Hotelfach, ein Studium im Immobilienmanagement. »Das passte alles nicht«, sagt Özmen heute, »also dachte ich, jetzt mache ich das, was ich eigentlich wollte: Ich ziehe die Ausbildung zur Erzieherin durch.«

Vor drei Jahren ging sie nach Berlin. Hier arbeitet sie nun in einer landeseigenen Kita im Bezirk Mitte. Mit über 200 Plätzen und über dreißig Beschäftigten ist die Kita vergleichsweise groß. Es ist eine Brennpunkt-Kita – mit vielen Kindern, die in schwierigen Familienverhältnissen oder Armut aufgewachsen sind, und zahlreichen Kindern mit Migrationshintergrund.

Ihr Beruf mache Özmen große Freude. Es sei eine wichtige Arbeit. Und man bekomme viel von den Kindern zurück: »Es ist toll, wenn sie sich freuen, dich zu sehen«, fügt Özmen hinzu, »wenn sie dir Geschenke basteln. Und auch von den Eltern bekomme ich Anerkennung, da ist die Wertschätzung groß.« Ihren Beruf würde sie wieder ergreifen. Özmen sagt dazu: »Ich meckere immer viel über die Rahmenbedingungen, weil die oft einfach übel sind. Aber die Arbeit mit Kindern ist toll.«

»In der Kita ist Armut stets präsent«, berichtet Dilara Özmen. Man erkenne sie zum Beispiel daran, dass Kinder Kleidungsstücke tragen, die zu klein sind. Und man erkenne sie an kaputten Taschen und Reißverschlüssen. Auch kämen arme Kinder manchmal hungrig in die Kita. Man erkenne Armut aber auch an Dankbarkeit der Kinder selbst für Kleinigkeiten.

»Bei Festen in der Kita, bei denen Eltern etwas mitbringen sollen, tauchen manche Familien nicht auf. Sogar wenn sie nichts mitzubringen brauchen, sieht man sie nicht. Oft hat das mit Scham zu tun«, erzählt Özmen, »oder sie fühlen sich in dieser Situation nicht wohl.« Sogar zwischen den Kindern spiele Armut eine Rolle. So komme es im Streit zwischen älteren Kindern schon mal vor, dass eines dem anderen dessen Armut vorhält. Auch Hänseleien, etwa wegen der Kleidung, gebe es bisweilen.

Arme Kinder sind oft mehrfach benachteiligt. Zum Mangel an Geld oder Kleidung kommen nicht selten Defizite in der Entwicklung sowie die Erfahrung, ausgegrenzt zu werden – mit entsprechend schlechteren Zukunftschancen.[3] Eine Studie der Bertelsmann-Stiftung ergab 2015, dass Kinder im Hartz-IV-Bezug zum Zeitpunkt des Schuleintritts überdurchschnittlich häufig Probleme mit der körperlichen Koordination, mit dem Zählen, mit Übergewicht und mit der Konzentration haben. Sie nehmen überdies seltener an Sport- oder Musikangeboten teil.[4]

Die Teilhabe in der Kita und der Aufbau sozialer Kontakte zu Gleichaltrigen ist für arme Kinder oft schwieriger, fügt Özmen hinzu: »Sie müssen mit viel mehr Problemen und Sorgen klarkommen, können diese aber gar nicht verstehen oder gar lösen.« Sie seien oft auffällig unruhig und äußerten seltener eigene Wünsche. All das mache es schwieriger, Gefühle zu regulieren, was wiederum zu Auffälligkeiten im Verhalten führe. Die anderen Kinder mieden dann den Kontakt. »Die sehen ja nur: Das könnte unangenehm werden«, sagt Özmen. Umgekehrt mieden aber auch arme Kinder den Kontakt zu anderen, wohl aus Scham und Angst vor Enttäuschung.

Özmen berichtet von dem Fall eines Kindes, das von seiner Mutter regelmäßig zur Oma gebracht wurde. »Es war das älteste von drei Geschwistern«, erzählt die Erzieherin, »für die Mutter war wichtig, dass wenigstens der Große bei der Oma gut essen konnte.« Das Kind aber nahm wahr, dass es regelmäßig die Familie verlassen musste. »In der Kita war der Junge aggressiv, er war überempfindlich«, sagt Özmen, »natürlich hatte das mit der Situation zuhause zu tun.«

Kinder können vom Besuch einer Kita, von den dortigen Spiel- und Sportangeboten sowie vom regelmäßigen Kontakt zu Gleichaltrigen profitieren. Eine britische Langzeitstudie zeigte, dass der Besuch die sprachlichen, insbesondere aber auch die mathematischen Fähigkeiten von Kindern verbessern kann. Zudem sind Kinder, die eine Kita besuchten, aufgeschlossener gegenüber dem Lernen. Ihr Verhalten ist weniger egoistisch und ihre Selbstregulation ausgeprägter als bei Kindern, die keine Kita besuchten. Diese Effekte sind bei qualitativ hochwertigen Kitas besonders ausgeprägt und noch im Jugendalter nachweisbar.

Diese Studie zeigte auch, dass arme Kinder besonders stark vom Besuch einer Kita profitieren. Sie schneiden etwa in der Schule besser ab, wenn sie zuvor eine Kita besucht haben. Zu einem ähnlichen Ergebnis kam auch die bereits erwähnte Studie der Bertelsmann-Stiftung: Wenn benachteiligte Kinder eine Kita schon im frühen Alter besuchen, so wirkt sich dies positiv auf ihre Entwicklung aus. Das Gleiche gilt, wenn Brennpunkt-Kitas besonders gefördert werden.[5]

In der Realität scheint allerdings das Gegenteil die Regel zu sein: Kitas mit einem höheren Anteil an armen Kindern sind häufig von schlechterer Qualität.[6] Wobei für die Qualität frühkindlicher Bildung, neben gut ausgebildeten Erzieherinnen und Erziehern, der Personalschlüssel wichtig ist. Özmen sagt dazu: »Für gute Kinderbetreuung braucht es Zeit. Es braucht die Möglichkeit, auf jedes einzelne Kind entsprechend seiner Bedürfnisse einzugehen.« Im Alltag sei das aber selten ausreichend möglich, weil Personal in der Kita fehle und oft wechsle.

Ein weiteres Problem ist, dass Kitas die Kinder benachteiligter Familien schlechter erreichen. Eine Studie bestätigte 2024 die Erkenntnisse über den Nutzen frühkindlicher Bildung gerade für diese Kinder. Sie zeigte aber auch, dass diese seltner in eine Kita gehen: Nur 35 Prozent aller Kinder aus benachteiligten Familien besuchen im Alter von zwei Jahren eine frühkindliche Bildungseinrichtung. Hingegen sind es bei Kindern aus bessergestellten Familien 60 Prozent.[7]

Die Gründe dafür sind vielfältig. So dürften Kitagebühren nach wie vor eine finanzielle Belastung gerade für benachteiligte Haushalte sein. Zwar können sich viele dieser Haushalte von Gebühren befreien lassen, aber keineswegs alle. Zudem wissen viele gar nicht von dieser Möglichkeit – und andere fühlen sich von der Beantragung überfordert. Auch dürfte vielen Eltern der Nutzen eines frühen Besuchs einer Kita nicht bewusst sein, oder sie haben Vorbehalte. Das größte Problem aber ist der Mangel an Plätzen: Die Eltern armer Kinder geben häufiger als andere Eltern das Fehlen wohnortnaher Betreuungsangebote als Grund dafür an, dass ihr Kind keine Kita besucht. Tatsächlich gehen Kinder aus benachteiligten Familien überdurchschnittlich häufig leer aus, wenn vor Ort die Zahl der Kitaplätze nicht ausreicht.[8] Und oft erhalten jene Kinder bevorzugt einen Platz, deren beide Elternteile berufstätig sind.

Dilara Özmen: »Gesellschaftlich ist mein Beruf nicht anerkannt. Das fängt schon beim Gehalt an. Das reicht zwar zum Leben, aber mehr eben nicht. Und wenn man Familie hat, wird es schwierig. Aber auch das gesellschaftliche Image der Erzieherinnen und Erzieher ist eher schlecht. Das habe ich selbst zu spüren bekommen: Schon als ich Abitur gemacht habe, interessierte ich mich für den Beruf. Ich habe mich darüber informiert und mit anderen darüber gesprochen. Als meine Lehrerin davon hörte, fragte sie mich: ›Warum machst Du dann überhaupt Abitur?‹

Von meinen Mitschülerinnen und Mitschülern sowie aus meiner Familie gab es ähnliche Reaktionen. Offenbar gilt mein Beruf bei vielen als etwas Minderwertiges. So, als sei man ›nur‹ eine Nanny. Was sie aber vergessen: Wir machen nicht Aufbewahrung. Bildung fängt nicht erst in der Schule an. Sie beginnt in der Kita.«

Die Bedeutung von Kitas für die Integration von Menschen aus anderen Ländern ist kaum zu überschätzen. Ebenso bedeutend sind sie für den Kontakt von Menschen über soziale Grenzen hinweg. Dilara Özmen betont, dass es dabei keineswegs nur um die Kinder gehe: »An Kitas finden auch Eltern Kontakt zueinander. Es entwickeln sich Freundschaften, zwischen Kindern, aber auch zwischen Erwachsenen, die sich sonst nicht kennengelernt hätten.«

Der Anteil der Kinder mit Migrationshintergrund steigt an. 2020 betrug er bei den unter Sechsjährigen 40 Prozent, wobei neun von zehn dieser Kinder hierzulande geboren waren. Bei den Fünf- bis Zehnjährigen hatten ebenfalls knapp 40 Prozent einen Migrationshintergrund, drei von vier dieser Kinder waren in Deutschland geboren. Für die frühkindliche Bildung und für die Arbeit in den Kitas bleibt das nicht ohne Folgen. Die Kinder werden vielfältiger; immer mehr von ihnen lernen und sprechen zuhause andere Sprachen als Deutsch. Womit die Kita zu einem Ort wird, an dem viele überhaupt erst Deutsch lernen. 2021 hatten in Westdeutschland 23 Prozent und in Ostdeutschland 14 Prozent aller Kitakinder ab drei Jahren eine andere Familiensprache als Deutsch,[9] in Ballungszentren sind es nochmal deutlich mehr.

In den Einrichtungen führt das zu Diskussionen. So ist in vielen Teams umstritten, ob Kinder mit Migrationshintergrund in der Kita überhaupt ihre Herkunftssprachen sprechen sollten. Dilara Özmen hat dazu eine klare Position: »Natürlich sollen alle Kinder bei uns Deutsch lernen. Wenn das aber bedeutet, dass sie ihre Identität vor der Tür lassen müssen, werden sie das nicht tun, jedenfalls nicht unverkrampft.« Sie berichtet von zwei Jungen, die immer wieder verschämt und leise auf Arabisch miteinander sprachen. Sie bemühten sich dabei stets, dass die Erzieherinnen es nicht bemerkten. Es sei aber nicht verboten, in der Kita andere Sprachen als Deutsch zu sprechen. »Ich habe arabische Lieder laufen lassen,« sagt Özmen, »großes Erstaunen! Und das hatte Wirkung: Die Kinder haben sich mehr und mehr geöffnet, sich toll entwickelt. Und sie sind aus ihrer Welt herausgekommen, in der sie nur Arabisch sprachen«.

Sie halte es für wichtig, den kulturellen Hintergründen der Kinder mit Wertschätzung zu begegnen. Schließlich ist in der Kita jedes Kind willkommen, betont die Erzieherin. Und sie halte es für wichtig, dass die Kinder die kulturellen Hintergründe der anderen kennenlernen; etwa die Feste, die sie feiern, ihre Musik oder ihr Essen. »Einige Zeit haben wir beim Mittagessen die verschiedenen Landesküchen ausprobiert, etwa indisch, syrisch, türkisch, deutsch«, teilt Özmen mit, »und die Kinder konnten erzählen, was und wie sie zuhause essen. Auch die Eltern waren eingebunden.« Es gehe um Offenheit für das Verschiedensein – und letztlich um ein starkes Selbstwertgefühl.

Für Kinder mit Migrationshintergrund gilt, was auch für arme Kinder gilt: Sie profitieren sehr davon, eine Kita zu besuchen, am besten schon früh. Und sie profitieren besonders stark, wenn es sich um eine qualitativ hochwertige Kita handelt. Zugleich aber haben sie einen schlechteren Zugang zu hochwertiger Bildung: Die Kitas, die sie besuchen, sind seltener von hoher Qualität. Und sie besuchen seltener eine Kita, als Kinder ohne Migrationshintergrund dies tun. An ihren Eltern liegt das nicht. Die haben nur einen leicht geringeren Wunsch, dass ihre Kinder betreut werden, als Eltern ohne Migrationshintergrund.[10]

Dilara Özmen: »Man nimmt Erlebnisse aus der Kita mit nach Hause – schöne und nicht so schöne. Wir hatten zum Beispiel vor einiger Zeit zwei Geschwister aus einer schwierigen Familie. Es gab ein Gespräch zwischen den Eltern, dem Jugendamt und der Kitaleitung, bei dem man sich verständigte, dass die Kinder bis auf Weiteres in der Familie bleiben können. Allerdings ergaben sich für das Jugendamt wohl kurz danach neue Erkenntnisse. Sie beschlossen daher am nächsten Tag, die Kinder nun doch in Obhut zu nehmen. Also übergaben wir die beiden den Mitarbeitern des Jugendamts.

Die Eltern aber waren nicht informiert, was wir wiederum nicht wussten. Als der Vater in die Kita kam und seine Kinder nicht da waren, hat er völlig die Fassung verloren. Er weinte, rief die Mutter an und schrie ins Telefon: ›Die Kinder sind weg! Sie haben uns die Kinder weggenommen!‹ Später lag er auf dem Boden, brüllte und war völlig verzweifelt. Ihm aufzuhelfen, war nicht möglich. So etwas lässt einen nicht kalt.

Mein schrecklichstes Erlebnis hatte ich, als ich neu war in der Kita. Ein Kind hatte irgendeine Kleinigkeit gemacht, die unschön war, nichts Schlimmes. Aber ich dachte, die Eltern könnten ja zuhause nochmal mit dem Kind reden. Also habe ich dem Vater einen Hinweis gegeben. Der Zweimetermann ist völlig ausgerastet, hat das Kind angeschrien und beleidigt: ›Arschlochkind‹, ›Ich weiß ja, wie er drauf ist‹, ›Ich kann das nicht mehr hören‹ und solche Sachen. Er hat derart die Fassung verloren, dass wir die Polizei gerufen haben.

Meine Kollegin sagte mir hinterher, dass sie diesen Eltern schon lange keine Hinweise mehr geben. Als die Neue wusste ich das aber nicht. Das Jugendamt war über die Familie schon informiert, hatte bislang nicht reagiert. Das war das Schlimmste – dass dieser Vater mit dem Kind nach Hause fahren durfte. Ich gehe davon aus, dass es dort auch geschlagen wurde.«

Es war eine Hiobsbotschaft, die die Eltern von fünfzehn Kindern der kommunalen Kita »Kinderparadies« im brandenburgischen Dörfchen Fohrde Anfang Dezember 2023 erreichte. Per E-Mail informierte das Amt Beetzsee als Träger darüber, dass die Vorschulgruppe ab dem Folgetag vorübergehend geschlossen sei – und das für eine ganze Woche. Grund waren krankheitsbedingte Personalausfälle; eine Alternative zur Schließung gebe es nicht, man »bitte daher um Verständnis«. Einen Tag später folgte im nahegelegenen Radewege gleich die ganze Kita »Beetzsee-knirpse« mit fünfzig betroffenen Kindern.[11]

Fohrde und Radewege waren keine Einzelfälle, und das Problem ist nicht auf Krankheitswellen im Spätherbst beschränkt. Das zeigte eine Erhebung der Hans-Böckler-Stiftung: Im Frühjahr 2023 mussten über 57 Prozent der befragten Eltern mit Kindern in Betreuung mit zeitweisen Schließungen oder verkürzten Öffnungszeiten klarkommen.[12] Dilara Özmen kennt das. Zwar gebe es in ihrer Kita Springer, die nach Bedarf in verschiedenen Bereichen arbeiten. »Aber da viele Kolleginnen und Kollegen langzeiterkrankt sind, arbeiten die Springer auf festen Stellen«, berichtet die Erzieherin. »Bei kurzfristigen Ausfällen haben wir dann zu wenig Personal und verkürzen die Öffnungszeiten, schließen einzelne Bereiche oder die ganze Kita.«

Unzuverlässige Betreuung steht einer guten frühkindlichen Bildung sowie der Erwerbstätigkeit von Eltern entgegen.

Faktisch – wenn auch nicht rechtlich – verletzt sie den Anspruch auf einen Kitaplatz.

Selbst ohne Ausfälle sind die Betreuungsschlüssel in den Kitas unzureichend. Die Bertelsmann-Stiftung hat Empfehlungen zur maximalen Anzahl der Kinder je Erzieherin oder Erzieher erarbeitet, die weithin anerkannt werden. In Gruppen mit unter Dreijährigen solle eine Fachkraft maximal für 3,0 Kinder zuständig sein, in Gruppen mit Kindern ab drei Jahren maximal für 7,5 Kinder. Im Durchschnitt erreicht lediglich Baden-Württemberg diese Werte, und auch das nur bei den über Dreijährigen. In allen anderen Bundesländern ist der Betreuungsschlüssel schlechter, wobei Ostdeutschland, Berlin und bei den über Dreijährigen das Saarland besonders schlecht abschneiden. Um im Jahr 2030 die genannten Standards zu erreichen und zugleich alle Betreuungsbedarfe zu decken, müssten in Westdeutschland über 227.000 zusätzliche Erzieherinnen und Erzieher in Vollzeit eingestellt werden, in Ostdeutschland über 67.000.[13]

Letztlich steht hinter der unzureichenden und unzuverlässigen Betreuung sowie dem vielerorts nicht erfüllten Rechtsanspruch auf einen Kitaplatz das gleiche Problem: ein Mangel an Fachkräften. Der wiederum ist nicht vom Himmel gefallen, sondern auf eine unzureichende Finanzierung der Kitas zurückzuführen. Das schließt eine unzureichende Bezahlung der Beschäftigten ein. Und obwohl heute mehr Geld in die frühkindliche Bildung fließt als noch vor wenigen Jahren, scheinen die politisch Handelnden nur begrenzt dazugelernt zu haben. Ein Beispiel: Als die Bundesregierung 2019 beschloss, bis 2022 mit dem »Gute-Kita-Gesetz« 5,5 Milliarden Euro an die Länder auszuschütten, nutzten elf

Bundesländer einen Teil dieses Geldes, um gutverdienende Eltern von Gebühren zu befreien.[14] Das verbessert nicht die Qualität und nicht die Zuverlässigkeit der Betreuung, und es kommen dadurch nicht mehr Kinder in die Kitas. All das wäre aber nötig. Ein weiteres Beispiel: Zahlreiche befristete Finanzierungen von Bund und Ländern, etwa Projekte zur besonderen Sprachförderung, sind inhaltlich zwar sinnvoll. Für die Kitas bringen sie aber eine begrenzte Planbarkeit und einen erhöhten bürokratischen Aufwand für die Dokumentation. Besser wären dauerhafte Fördermittel.

Die Redaktion von Correctiv hat 2023 über 2.000 Erzieherinnen und Erziehern über ihren Arbeitsalltag befragt und mit einigen von ihnen ausführliche Interviews geführt. Die Ergebnisse hatten es in sich: Von gefährlichen Situationen aufgrund mangelnden Personals war da die Rede, von vernachlässigten Aufsichtspflichten, von unzureichender Aufmerksamkeit gerade für besonders förderbedürftige Kinder, von Arbeit trotz Krankheit, von Überstunden und abgesagten Urlauben, von Überlastung und Burnout, auch von Gewalt gegenüber Kindern »häufig nach wochenlanger Überlastung«. Das traurige Fazit: Die deutschen Kitas stünden vor dem Zusammenbruch.

Auch die Situation der Eltern nimmt der Artikel in den Blick. Correctiv berichtet unter anderem über einen Vater, dessen Sohn »einen Integrationsstatus« habe. Der Junge hat also eine Behinderung, oder er ist davon bedroht, weshalb seine Kita Geld für einige zusätzliche Personalstunden erhält. Allerdings: »Zwei Wochen, nachdem sein Sohn in die Kita kam, sei der für sein Kind zuständige Heilpädagoge erst krank geworden und habe dann gekündigt. Seitdem darf sein Sohn statt acht Stunden am Tag nur noch vier bis fünf in die Kita kommen. Den vollen Kita-Beitrag müssen Maier und seine Partnerin trotzdem zahlen«. Eine Katastrophe für die Bildung des Kindes, für die Berufstätigkeit der Eltern und für das Familienleben.[15]

Die Personalmisere an den Kitas verschärft sich, weil viele Erzieherinnen und Erzieher Reißaus nehmen. Auch Dilara Özmen sieht das in ihrem Umfeld immer wieder: »Ich kenne Kolleginnen und Kollegen, die den Beruf aufgegeben haben – als Reaktion auf die Belastung.« Eine Kollegin sei in Frührente gegangen, die Abschläge habe sie in Kauf genommen. Eine Auszubildende sei nach ihrem Abschluss als Erzieherin wieder in ihren alten Beruf als Kauffrau zurückgekehrt. Ein Kollege, der mit ihr angefangen hat, überlege, den Job zu wechseln. Er wolle wohl etwas völlig anderes machen. »Und mehrere Kolleginnen im Haus haben ihre Stunden reduziert, weil sie am Limit seien«, sagt Özmen.

Eine kurzfristige Lösung für all das wird es nicht geben. Eine mittelfristige Lösung auch nur, wenn sie so schnell wie möglich angegangen wird.

Dilara Özmen: »Wir haben einen Jungen, der aus schwierigen Familienverhältnissen zu uns kam. Er war damals fast drei Jahre alt. Seine Eltern waren gerade geschieden, lebten aber noch zusammen. Schon bevor er zu uns kam, hatte man bei ihm eine Entwicklungsverzögerung festgestellt. Motorisch war er eingeschränkt; er konnte schlecht greifen und nicht gut geradeaus gehen oder sich über Hindernisse bewegen. Auch sein

Sozialverhalten war nicht altersgerecht; seine Gefühle konnte er schlecht regulieren.

Als ich die Eingewöhnung in die Kita mit ihm gemacht habe, konnte er mit dieser für ihn neuen Situation nicht umgehen. Die anderen Kinder waren ein Problem für ihn; Spielsachen wollte er nicht teilen; er hat ständig geweint oder auch mitten im Spiel aufgeschrien. Und das blieb zunächst auch nach der Eingewöhnung so. Mittlerweile ist er eineinhalb Jahre bei uns. In dieser Zeit hat er einen großen Sprung gemacht. Heute ist er nicht mehr wiederzuerkennen, von Entwicklungsverzögerung keine Spur mehr.

Er ist altersgemäß entwickelt. Die Kinder mögen ihn, er gehört dazu, spielt ganz selbstverständlich mit den anderen. Er holt sich wie alle Kinder selbständig sein Essgeschirr für das Mittagessen. Wenn er mich sieht, dann grüßt er. Lange konnte er mir nicht in die Augen sehen, wenn wir uns begegnet sind.

Das ist toll an meinem Beruf: Zu sehen, wie großartig Kinder sich entwickeln – selbst wenn sie einen schwierigen Start haben.«

Endnoten

1 Autor:innengruppe Bildungsberichterstattung (2022) »Bildung in Deutschland 2022«, Bielefeld: wbv.

2 Bertelsmann-Stiftung (2023) »Mehr Plätze und bessere Qualität in Kitas bis 2030 – wenn jetzt entschlossen gehandelt wird«, https://www.bertelsmann-stiftung.de/de/themen/aktuelle-meldungen/2023/november/mehr-plaetze-und-bessere-qualitaet-in-kitas-bis-2030-wenn-jetzt-entschlossen-gehandelt-wird (Abruf 18. Januar 2024).

3 Holz, G. (2010) »Frühe Armutserfahrungen und ihre Folgen – Kinderarmut im Vorschulalter«, in: Zander, M. (Hrsg.) *Kinderarmut*, Wiesbaden: Verlag für Sozialwissenschaften, S. 88–109.

4 Groos, T. / Jehles, N. (2015) »Der Einfluss von Armut auf die Entwicklung von Kindern«, https://www.bertelsmann-stiftung.de/fileadmin/files/BSt/Publikationen/GrauePublikationen/03_Werkstattbericht_Einfluss_von_Armut_final_Auflage3_mU.pdf (Abruf 12. Januar 2024).

5 Schmutz, R. (2024) »Is universal early childhood education and care an equalizer? A systematic review and meta-analysis of evidence«, in: *Research in Social Stratification and Mobility* 88.
Groos, T. / Jehles, N. (2015) »Der Einfluss von Armut auf die Entwicklung von Kindern«, https://www.bertelsmann-stiftung.de/fileadmin/files/BSt/Publikationen/GrauePublikationen/03_Werkstattbericht_Einfluss_von_Armut_final_Auflage3_mU.pdf (Abruf 12. Januar 2024).

6 Stahl, J. / Schober, P. / Spieß, K. (2018) »Parental socio-economic status and childcare quality: Early inequalities in educational opportunity?«, in: *Early Childhood Research Quarterly* 44/3, S. 304–317.

7 Kleinert, C. / Baier, T. (2024) »Führt ein Kitabesuch zu einem Ausgleich sozialer Unterschiede?«, in: *LIfBi Forschung kompakt* 5.

8 Huebener, M. / Schmitz, S. et al. (2018) »Frühe Ungleichheiten«, https://library.fes.de/pdf-files/a-p-b/20728.pdf (Abruf 13. Januar 2024).

9 Autor:innengruppe Bildungsberichterstattung (2022) »Bildung in Deutschland 2022«, Bielefeld: wbv.

10 Olszenka, N. / Meiner-Teubner, C. (2020) »Kindertagesbetreuung«, in: *DJI-Kinder- und Jugendmigrationsreport*, Bielefeld: wbv. Stahl, J. / Schober, P. / Spieß, K. (2018) »Parental socio-economic status and childcare quality: Early inequalities in educational opportunity?«, in: *Early Childhood Research Quarterly* 44/3, S. 304–317.
Beckh, K. / Mayer, D. et al. (2014) »Der Einfluss der Einrichtungsqualität auf die sprachliche und sozial-emotionale Entwicklung von Kindern mit und ohne Migrationshintergrund«, in: *Frühe Bildung* 3/2, S. 73–81.

11 Bürstenbinder, F. (2023) »Kita Fohrde ab Montag auf Sparflamme: Kein Personal für Vorschulkinder«, https://www.maz-online.de/lokales/brandenburg-havel/kita-fohrde-ab-montag-auf-sparflamme-kein-personal-fuer-vorschulkinder-QRGW3S5EMBFM7JFBO2W3U7WRYA.html (Abruf 16. Januar 2024).
Bürstenbinder, F. (2023) »Kita-Personal meldet sich krank: Radewege macht zu, Ausfall in Fohrde«, https://www.maz-online.de/lokales/brandenburg-havel/kita-personal-meldet-sich-krank-radewege-macht-zu-ausfall-in-fohrde-MTWNTMDQ3BF2ZAK24YL3URBG5Y.html (Abruf 16. Januar 2024).

12 Anonym (2023) »Kinderbetreuung: 57 Prozent der erwerbstätigen Eltern mit Schließungen oder verkürzten Betreuungszeiten konfrontiert«, https://www.boeckler.de/de/pressemitteilungen-2675-kinderbetreuung-51190.htm (Abruf 16. Januar 2024).

13 Bertelsmann-Stiftung (2022) »Personalschlüssel (ohne Leitungszeit)«, https://www.laendermonitor.de/de/vergleich-bundeslaender-daten/personal-und-einrichtungen/personalschluessel/personalschluessel-ohne-leitungszeit-1 (Abruf 17. Januar 2024).
Bock-Famulla, K. / Girndt, A. (2023) »Fachkräfte-Radar für KiTa und Grundschule 2023«. Gütersloh: Bertelsmann-Stiftung.

14 Bundesministerium für Familie, Senioren, Frauen und Jugend (o. J.) »Für mehr Qualität und weniger Gebühren: Die Umsetzung des Gute-KiTa-Gesetzes beginnt«, https://www.bmfsfj.de/resource/blob/141654/e08d161cbc9b38f5610ba0c59e53c208/faktenpapier-zur-umsetzung-des-gute-kita-gesetzes-data.pdf (Abruf 18. Januar 2024).

15 Lenz, M. (2023) »Kitanotstand: Wie das System versagt«, https://correctiv.org/aktuelles/bildung/2023/11/14/kitanotstand-wie-das-system-versagt-personalmangel-erzieher/ (Abruf 18. Januar 2024).

III – »Eher Feuerwehr als Therapeutin«

Suchthilfe

Soziale Arbeit, Streetwork: Das ist für Anja Meier mehr als nur eine Arbeit, die Geld bringt. »Mein Beruf bereitet mir Freude, nach wie vor«, sagt Meier, die eigentlich anders heißt, »ich mag meine Leute. Ich arbeite mit Menschen, zu denen ich mit einem normalen Bürojob vielleicht nie Kontakt hätte. Meine Arbeit ist für sie wichtig – was ich tue, hat Relevanz. Und ich bekomme von ihnen viel zurück.«

Meier wusste früh, was sie beruflich machen wollte. Schon bevor und nachdem sie Pädagogik studierte, arbeitete sie in England und Irland als Freiwillige mit Obdachlosen. Anschließend begann sie in einer süddeutschen Großstadt als Streetworkerin, angestellt bei einer kirchlichen Organisation.

Meier hatte zunächst eine halbe, befristete Stelle. Später übernahm sie zusätzlich eine halbe Stelle in der klassischen Suchtberatung. Seit sechs Jahren ist sie nun vollständig in der Streetwork. »Zusammen mit einem Kollegen betreue ich sogenannte Straßentrinker, also in erster Linie Personen, die durch ihren Alkoholkonsum in der Öffentlichkeit auffallen«, berichtet Meier. »Anfangs habe ich das alleine gemacht, weil nicht mehr Stellen finanziert wurden. Das geht eigentlich gar nicht und ist fachlich nicht zu rechtfertigen, wenn man als Streetworkerin oder Streetworker alleine unterwegs ist. Es ist gut, dass wir inzwischen zu zweit sind.«

Nicht alle ihrer Klientinnen und Klienten seien wohnungslos, viele aber schon, so die Sozialarbeiterin. Ihre Aufgaben sind vielfältig. »Wir versuchen zum Beispiel sicherzustellen, dass die Leute Ausweispapiere haben. Wenn nötig, helfen wir ihnen, solche zu besorgen«, sagt Meier. »Wir unterstützen sie dabei, ihre Rechte durchzusetzen, etwa ihr Recht auf Bürgergeld. Wir begleiten sie zu Ämtern, zur Staatsanwaltschaft, zu Ärzten. Wir füllen mit ihnen Anträge aus – bei uns im Büro oder auf der Straße. Wir kümmern uns um eine Krankenversicherung. Wir leisten Überlebenshilfe, etwa indem wir Schlafsäcke besorgen. Und natürlich vermitteln wir auch in die Entgiftung und in stationäre Suchttherapien.«

Ihren Berufsweg hält Meier für eher untypisch: »Ich bin jetzt seit sechzehn Jahren dort. So lange Streetwork zu machen, ist selten. Für viele meiner Kolleginnen und Kollegen in der Sozialen Arbeit ist das ein Berufseinstieg, von dem aus sie dann Stellen etwa in der klassischen Suchtberatung suchen.« Die Arbeit mit sogenannten Straßentrinkern gelte als weniger attraktiv als die Arbeit mit Alkoholabhängigen aus der Mittelschicht. Sie sei belastender, man sei eher »Feuerwehr« als Therapeutin, und die Karrierechancen seien schlechter, sagt die Streetworkerin.

Sucht ist ein medizinisches und ein soziales Problem. Sie ist ein medizinisches Problem, weil Abhängigkeit körperlich und psychisch ist. Entzugserscheinungen machen das mehr als deutlich. Wer einmal mit dem Rauchen aufgehört oder es zumindest versucht hat, wird ein Lied davon singen können.

Ein soziales Problem ist Sucht, weil sie oft in der schwierigen sozialen Lage eines Menschen gründet. Und weil sie die soziale Lage weiter verschlechtern kann. Mit dem bloßen körperlichen Entzug ist eine Suchterkrankung in der Regel daher nicht überwunden. Wer arbeitslos, wohnungslos, arm, verschuldet oder einsam ist, hat ein größeres Risiko, suchtkrank zu werden oder zu bleiben. Auch bestimmte Erlebnisse, Ereignisse oder Veränderungen im Leben können Suchterkrankungen begünstigen. Hingegen können ein fester Job und ein gefestigtes soziales Umfeld helfen, sie zu vermeiden oder in den Griff zu bekommen. Spiegelbildlich unterliegt, wer suchtkrank ist, einem größeren Risiko, Arbeit, Wohnung, Einkommen oder soziale Kontakte zu verlieren. Sucht ist aber in den seltensten Fällen Grund und Ursache für Armut, obwohl dies immer wieder gerne behauptet wird. Und unter Obdachlosen ist nur ein Teil alkoholabhängig, wenn auch ein großer – zu Beginn der Obdachlosigkeit aber nur eine Minderheit.[1]

Zwischen Suchtkrankheiten und der sozialen Lage beziehungsweise dem Bildungsgrad gibt es einen Zusammenhang. Eine Studie von Krankenkassen zeigte 2015, dass bei arbeitslosen Versicherten im Durchschnitt häufiger eine Suchtkrankheit festgestellt wird als unter erwerbstätigen. Empfängerinnen und Empfänger des damaligen Arbeitslosengeldes II (heute Bürgergeld) waren dabei noch weitaus stärker betroffen als die von Arbeitslosengeld I. Viele davon waren schon lange erwerbslos.[2]

Unter Menschen mit weniger Geld oder Bildung sind die Anteile der Raucherinnen und Raucher am größten. Dies gilt auch für Kinder und Jugendliche. Menschen, die Cannabis konsumieren, entwickeln mit höherer Wahrscheinlichkeit eine Abhängigkeit, wenn sie in einer finanziell angespannten Situation leben. Beim Alkohol ist die Situation weniger eindeutig: Sein Konsum ist in reicheren Bevölkerungsgruppen verbreiteter als in ärmeren. Allerdings nimmt mit abnehmendem Sozialstatus das Risiko von suchtbedingten Problemen – etwa finanzieller oder familiärer Art – zu.

Bei Männern steigt mit abnehmendem sozialem Status der Anteil Alkoholabhängiger an.[3] Bei Frauen allerdings nicht, und eine Studie im Auftrag des Robert-Koch-Instituts stellte 2016 fest, dass Frauen mit niedrigerem sozialem Status seltener ein riskantes Trinkverhalten zeigen. Mit abnehmendem Sozialstatus nimmt zudem der Anteil derer zu, die gar keinen Alkohol trinken. Bei Frauen ist dieser Effekt besonders ausgeprägt, es gibt ihn aber auch bei Männern.[4] Saufen gilt gemeinhin als männlich. Dass Frauen wohl seltener zur Flasche greifen[5] und dass sie insbesondere seltener problematische Mengen Alkohol zu sich nehmen, könnte an gängigen Rollenbildern liegen.

Hinzu kommt, dass die Sichtbarkeit alkoholabhängiger wohnungsloser Frauen in der Öffentlichkeit geringer ist. »Frauen kommen eher mal irgendwo bei Männern unter«, fügt Anja Meier hinzu. »Das sind natürlich oft alles andere als gute, gesunde Beziehungen. Aber die Frauen sind dann auf der Straße nicht so sichtbar. Die meisten Frauen, die wirklich auf der Straße leben, sind psychisch schwer krank. Oder sie haben Partner, mit denen sie unterwegs sind.«

Lebensverläufe, bei denen Wohnungslosigkeit und Alkoholabhängigkeit zusammenkommen, folgen keinem einheitlichen Muster des Abgleitens. Es gibt allerdings gewisse Ähnlichkeiten zwischen den Biografien von Männern auf der einen Seite und Frauen sowie Jugendlichen auf der anderen. Die Lebensverläufe von alkoholabhängigen obdachlosen Männern sind oft durch klare Brüche gekennzeichnet: Der Verlust des Arbeitsplatzes oder der Familie können Auslöser einer Abwärtsspirale sein. Die Lebensverläufe alkoholabhängiger wohnungsloser Frauen und Jugendlicher hingegen sind oft durch frühere langanhaltende Notlagen und Probleme wie Gewaltbeziehungen geprägt. Sie wurden zum Beispiel sexuell ausgebeutet, misshandelt oder gedemütigt. Für Männer, Frauen und Jugendliche gleichermaßen ist Alkohol auf der Straße ein Hilfsmittel: Er betäubt Hunger, Schmerzen, Erinnerungen sowie Einsamkeit und gewährleistet die Zugehörigkeit zu Gruppen.[6]

Wer Mehmet, Tarek oder Ljudmila heißt und suchtkrank ist, wird vom deutschen System der Suchthilfe seltener profitieren als Thomas, Heinz oder Christina. Während rund 26 Prozent der Bevölkerung in Deutschland einen Migrationshintergrund haben, sind es unter den stationär wegen Suchtkrankheiten Behandelten laut Deutscher Suchthilfestatistik nur etwa 20 Prozent. Bei den ambulant Behandelten sind es mit 19 Prozent noch etwas weniger.[7] Migrantinnen und Migranten nutzen Suchthilfe also weniger, wobei dies vor allem auf Frauen sowie selbst Zugewanderte zutrifft.[8] Dass Migrantinnen und Migranten seltener suchtkrank sind, dürfte als Grund dafür ausgeschlossen werden können.

Das bestätigt auch Anja Meier: »Es gibt deutschlandweit einen recht großen Anteil an Osteuropäern unter den Wohnungslosen und den öffentlichen Trinkern, insbesondere Polen. Ich höre das auch von Kolleginnen und Kollegen aus anderen Städten und Bundesländern.« Die Arbeitsmigration aus Osteuropa sei groß, zugleich sei Alkoholkonsum dort wohl recht weit verbreitet. In ihrer Stadt seien die Polen eine der größten Gruppen der Migrantinnen und Migranten, sehr viele davon Männer.

»Eine typische Biografie sieht so aus, dass sie auf dem Land aufgewachsen sind, einen Schulabschluss und eine Ausbildung gemacht haben«, so die Sozialarbeiterin. »Sie jobbten dann eine Weile, heirateten, bekamen Kinder. Irgendwann fanden sie aber in Polen keine Arbeit mehr. Weshalb sie entschieden, nach Deutschland zu gehen. Viele meiner Klienten waren sogar europaweit unterwegs. Und sie fanden meist auch Arbeit, schlecht bezahlt und oft Saisonarbeit: ein paar Monate hier, ein paar Wochen dort, dann wieder zuhause in Polen, bevor es wieder weggeht.«

So komme es im Laufe der Jahre zur Entfremdung von der Familie im Herkunftsland. Man sehe die Kinder nicht aufwachsen, verliere den Bezug zur Ehefrau, berichtet Meier weiter. Abend für Abend sitze man alleine in einer Einfachwohnung oder einer Pension in einem fremden Land. Die dortige Sprache beherrsche man kaum. Die eigenen Rechte kenne man nicht, oder man könne sie nicht durchsetzen. Kontakte bestünden allenfalls zu anderen Männern, denen es genauso gehe. Zugleich entwickle sich bei vielen ein Alkoholproblem.

»Und dann bleiben sie hier hängen, weil die Ehe kaputt ist, keine Bindungen an die polnische Heimat mehr bestehen«, sagt die Sozialarbeiterin. »Der Lebensmittelpunkt rückt nach Deutschland. Zugleich aber sind sie körperlich immer weniger zu ihrer harten Arbeit etwa auf dem Bau in der Lage, die Arbeit ist dann irgendwann weg. Und dann landen viele auf der Straße.«

Der Zugang zu Angeboten der Suchthilfe ist für hier geborene Migrantinnen und Migranten besser als für selbst Eingewanderte. Dafür gibt es viele Gründe. Ein Grund ist, dass der Staat einigen der selbst Eingewanderten nicht mit Hilfe und Unterstützung, sondern mit Druck und Strafverfolgung entgegentritt. Wer keinen gesicherten Aufenthalt hat und verbotene Drogen besitzt oder mit diesen handelt, kann aus Deutschland ausgewiesen werden. In Extremfällen kann dies selbst für Staatsangehörige aus anderen EU-Ländern gelten. In dieser Situation Hilfsangebote in Anspruch zu nehmen, kann die Abschiebung bedeuten. Entsprechend schwierig ist es für Einrichtungen der Suchthilfe, diese Menschen zu erreichen.

Wir wissen über das Ausmaß und die Formen der Suchtkrankheiten unter Geflüchteten wenig. Sicher dürfte sein, dass die triste, verarmte Lebenssituation und Einsamkeit vieler den Missbrauch von Drogen stark begünstigen. Wir wissen aber wenig darüber, wer in welchem Maße tatsächlich von welcher Substanz abhängig wird. Die Erfahrungen einer Berliner Einrichtung für Suchthilfe zeigen, dass die Herkunftsregion offenbar eine gewisse Rolle spielt: In arabischsprachigen Gruppen wird kaum Alkohol konsumiert. Cannabis ist für Geflüchtete aus Westafrika die wichtigste Droge. Und Opiatabhängige stammen überdurchschnittlich häufig aus Nordafrika sowie Iran, Pakistan und Afghanistan. Unabhängig von der Herkunftsregion – arabischsprachige Länder ausgenommen – scheint Alkohol für viele eine Art Ersatz zu sein, durch den Suchtkranke hoffen, von illegalen Drogen wegzukommen.[9]

Dass Sucht ein medizinisches und soziales Problem zugleich ist, zeigt sich in der Struktur der Suchthilfe. Sie umfasst sowohl medizinische Aufgaben und Einrichtungen als auch solche, die auf soziale Aspekte abzielen. Und zwischen beiden Bereichen gibt es große Schnittmengen. Anja Meier kümmert sich als Sozialarbeiterin beispielsweise um den Zugang ihrer Klientinnen und Klienten zu Ärztinnen und Ärzten. In Entzugskliniken arbeiten nicht nur Ärztinnen und Pfleger, sondern auch Sozialarbeiterinnen und Sozialarbeiter.[10]

Angestellte der Suchthilfe beraten und begleiten. Sie betreuen Entgiftung oder Substitution medizinisch oder helfen dabei, sich in Beruf und Gesellschaft einzugliedern. Suchthilfe umfasst ferner Einrichtungen der Selbsthilfe und der Rehabilitation sowie Projekte zur Suchtprävention. Die Finanzierung dieser Angebote ist komplex: Es fließen unter anderem Mittel der gesetzlichen Kranken- und der Rentenversicherung, des Bundes und der Länder. Einen Teil der Leistungen müssen die Suchtkranken selbst finanzieren, in wenigen Fällen verfügen die Einrichtungen auch über Eigenmittel. »Die Suchtberatung bei legalen Süchten muss das gesamte gesellschaftliche Spektrum abdecken, vom trinkenden Manager bis zum Straßentrinker«, sagt Anja Meier. »Und dann haben die armen Alkoholabhängigen meist noch zusätzlich große Alltagsprobleme, etwa Wohnungs- oder Arbeitslosigkeit. Hier ist der Beratungsaufwand also größer. Daher müssen es Beratungsstellen schon wollen, die ganz Armen zu betreuen.«

Auch die Kommunen finanzieren Suchtberatung. Ihre eigenen Einnahmen erzielen sie im Wesentlichen aus Steuern, Gebühren sowie aus Zuweisungen der Länder. Ihre Aufgaben und Ausgaben lassen sich in drei Kategorien gliedern: Bei Pflichtaufgaben weisen Bund und Länder an, was die Kommunen erledigen müssen und auf welche Weise sie dies zu tun haben. Dazu gehören etwa Gefahrenabwehr und der öffentliche Gesundheitsdienst. Bei

Pflichtaufgaben im eigenen Wirkungskreis haben die Kommunen mehr Freiräume: Sie müssen beispielsweise Abwasser beseitigen und ausreichend Kitas anbieten. Wie sie dies tun, bleibt aber ihnen überlassen. Bei freiwilligen Aufgaben können sie nicht nur über das Wie, sondern auch über das Ob entscheiden. In der Realität ist die Entscheidungsfreiheit dabei aber begrenzt. Denn auf Sport- und Kultureinrichtungen oder auf Parkanlagen wird keine Gemeinde verzichten können.

Freiwillige Aufgaben sind also kein Luxus. Sie sind auch nicht im Wortsinn freiwillig. Gleichwohl können die Kommunen dort am schnellsten und einfachsten Mittel kürzen. Und sie können sich generell knausriger zeigen als bei Pflichtaufgaben, wenn Einnahmen fehlen. Was häufig der Fall ist, sind Städte, Gemeinden und Kreise in Deutschland doch unterfinanziert.

Suchtberatung ist eine solche freiwillige Aufgabe. In der Regel beraten die Kommunen nicht selbst, sondern finanzieren entsprechende Angebote gemeinnütziger oder privater Träger. Eine dauerhafte und auskömmliche Finanzierung ist dabei eher die Ausnahme; aneinandergereihte, zeitlich begrenzte Projektfinanzierungen sind die Regel. Unsicherheit ist dauerhafter Begleiter für Anja Meier und ihrem Kollegen.

»Die Finanzierung unserer Leistungen erfolgt über die Stadt«, berichtet Meier, »über die Jahre war das ständige Hickhack um die Finanzierung ein Problem.« Nach wie vor sei nur eine halbe Stelle der Streetwork als dauerhaftes Regelangebot finanziert, die restliche volle Stelle hänge an befristeten Projektgeldern. Ein Projekt laufe schon seit vielen Jahren. »Da kann man von einem Projektcharakter sicher nicht mehr sprechen. Das ist sehr anstrengend, zumal es immer wieder dazu führt, dass mein Kollege keine Sicherheit hat. Mir ging es auch lange Zeit so«, sagt die Sozialarbeiterin. »Die Projektanträge gehen an den Gemeinderat, wo wir selbst noch ergänzende Lobbyarbeit machen müssen. Wir sprechen mit Vertreterinnen und Vertretern der Parteien, verdeutlichen die Notwendigkeit unserer Arbeit.« Das sei immer viel Klinkenputzen. Zum Glück gebe es viele, die sie unterstützen, aber dennoch sei diese Netzwerkarbeit notwendig. Man müsse in Erinnerung bleiben und im entscheidenden Moment darauf hinweisen, so Meier, dass diese oder jene Stelle im Haushalt berücksichtigt werden müsse: »Und kurz vor Ablauf der Frist erfährt man dann, ob es weitergeht oder eben nicht.«

Lobbyismus in eigener Sache – oder genauer: für die, die keine Lobby haben. Die dafür nötige Zeit könnte Meier sinnvoller verwenden. Was auch für die Zeit gilt, die immer wieder wegen veralteter Bürotechnik verloren geht. »Die uns zur Verfügung gestellten Gelder sind auch mit Blick auf die Bürotechnik völlig unzureichend«, sagt Meier, »zusammen mit der immer wieder nur befristeten Bereitstellung führt dies zu einem ständigen finanziellen Klein-Klein. Da wird oft kurzsichtig gespart. Man versucht kleine und billige technische Lösungen und schafft sich damit Dauerbaustellen.« Mittel- und langfristig komme das teurer. Und Meier verbringt dann Stunden im Monat vor dem Rechner und könne ihre Arbeit nicht machen, weil wieder einmal die Technik nicht funktioniert. »Oder weil unser Server grausam langsam ist«, fährt Meier fort, »besser wäre, einmal im großen Umfang zu investieren, um dann ein paar Jahre seine Ruhe zu haben und arbeiten zu können.« Aber dafür fehlt das Geld.

»Wir müssen nachweisen, dass wir das Geld vereinbarungsgemäß ausgeben«, sagt Meier. »Die Stadt gibt uns Leistungskennzahlen vor, die wir angeben müssen: Anzahl der Klientinnen und Klienten, Anzahl Neuaufnahmen, Anzahl Wiederaufnahmen und so weiter.« Außerdem ist Meier an die Suchtberatung angebunden, ihr Team muss also Zahlen für die bundesweite Suchthilfestatistik liefern. Das sei für sie besonders aufwändig, denn sie seien keine klassische Suchtberatungsstelle.

Anja Meier: »Ich hatte einen Klienten mit Doktortitel. Kennengelernt habe ich ihn, da war er Mitte fünfzig. Früher hatte er richtig viel Geld, war verheiratet und hatte Kinder. Finanzielle Fehlentscheidungen und die Scheidung haben ihn völlig aus der Bahn geworfen. Kontakt zu den Kindern bestand irgendwann nicht mehr. Den Übergang aus seinem bisherigen Leben in ein neues hat er nicht geschafft. Er lebte in einer einfachsten Einfachwohnung und trank. Unendliche Scham, wie er so enden konnte. Große Angst, die Wohnung auch noch zu verlieren.

Zugleich war er zu stolz, Hilfe anzunehmen. Er sagte, er sei ja selbst Akademiker. Hatte sich alle möglichen Bücher ausgeliehen, um über seine Sucht zu lesen. Wahrscheinlich war er besser informiert als die Hälfte der Suchtmediziner der Nation. Die anderen nannten ihn den ›Doktor Doktor‹. Nach Jahren konnten wir ihn überzeugen, eine Entgiftung zu machen. Danach hatte er immerhin deutlich weniger Alkohol konsumiert. Irgendwann aber war er körperlich so am Ende, dass er in ein betreutes Wohnen gezogen ist. Dort ist er dann relativ bald gestorben. Für viele mag diese Biografie eher untypisch erscheinen. Tatsächlich ist sie aber gar nicht so selten.«

Die Anerkennung der Sozialen Arbeit mit Straßentrinkerinnen und Straßentrinkern ist zweischneidig, sagt Anja Meier: »Eine gesellschaftliche Anerkennung meines Berufs ist schon da. Was fehlt, ist die professionelle Anerkennung. Es herrscht das Bild vor, da hat jemand sein großes Herz zum Beruf gemacht. Dass es tatsächlich aber im sozialen Bereich eine hohe Fachlichkeit und Professionalität braucht, wird oft übersehen. Manchmal kommt erstaunt die Frage: ›Was, dafür muss man studieren?‹«.

Vor über zehn Jahren bildete sie sich zur Suchttherapeutin weiter. Damals sei sie häufig gefragt worden, was sie anschließend damit machen wolle. »Für meine Antwort, dass ich weiter auf der Straße arbeiten wollte, erntete ich viel Verwunderung und Unverständnis«, erzählt Meier, »weshalb ich dann überhaupt eine suchttherapeutische Ausbildung mache? Da herrscht das Klischee vor, dass man für die Arbeit mit Straßentrinkern ein großes Herz und ein bisschen Einsatz brauche, aber nicht viel Professionalität.« Sie sieht das genau umgekehrt, denn gerade bei dieser Klientel sei mehr Ausbildung und Professionalität notwendig.

Auch finanziell wird diese Professionalität nicht anerkannt. Meier fährt fort: »Wenn ich mein Gehalt mit anderen vergleiche, ist es nicht der große Knaller. Mein Mann ist auch Sozialarbeiter. Er war immer städtisch angestellt, und ich habe bei unserem Träger sogar immer etwas besser verdient als er. In der Suchtberatung gibt es meist etwas mehr. Wenn man es aber mit anderen Akademikerinnen und Akademikern vergleicht, ist es unterm Strich nicht viel. Mein Schwager ist Chemikant. Der verdient mehr als mein Mann und ich zusammen.«

Meier ist kein Einzelfall. Nur 27 Prozent der Sozialarbeiterinnen und Sozialpädagogen in der Suchthilfe sind mit ihrem Gehalt zufrieden. Dies ergab eine Studie zwar schon 2012,[11] wesentlich besser wurde es seither wahrscheinlich nicht. Mit ihrem Gehalt zufrieden zeigten sich 2017 nur 39 Prozent aller Sozialarbeiterinnen und Sozialarbeiter, die vom Gewerkschaftsbund DGB über die Suchthilfe hinaus befragt wurden. Über alle Berufe hinweg war immerhin die Hälfte zufrieden mit dem Gehalt.[12]

Versteht man Gehälter als Zeichen für gesellschaftliche Anerkennung, so scheint Soziale Arbeit nicht sonderlich hoch im Kurs zu stehen. Auch dass Sozialarbeiterinnen und Sozialarbeiter überdurchschnittlich häufig befristet beschäftigt sind, zeigt, wie wenig sie wertgeschätzt werden.

Über die Gründe lässt sich spekulieren. Soziale Arbeit ist oft Arbeit mit Randgruppen. Mit Menschen, die von vielen gemieden werden. Mit Menschen, die gesellschaftliche Anforderungen nicht erfüllen wollen oder können. Und nicht selten mit Menschen, die aus Sicht der Mehrheitsgesellschaft Probleme machen. Wie eben Straßentrinker. Meier sagt dazu: »Wenn ich jemandem sage, was ich beruflich mache, höre ich oft: ›Ach, das ist ja toll, dass Du sowas machst, das könnte ich nicht. Ist das nicht schwierig?‹ Und sie meinen dann immer die Schwierigkeit der Klientel. Dabei finde ich aber manchmal vor allem die Kooperationspartner schwierig.«

Soziale Arbeit ist Hilfe und Unterstützung für diese Menschen. »Der Sozialstaat muss gleiche Rechte für alle gewährleisten«, fügt Meier hinzu, »das funktioniert natürlich oft nicht, weil man Rechte auch in Anspruch nehmen muss, viele unserer Klientinnen und Klienten aber ihre Rechte gar nicht kennen. Ohne Unterstützung kommen sie nicht zu ihrem Recht. Ein Sozialstaat hat immer auch einen Ausgleich zu schaffen zwischen denen, die schwächer sind und im ständigen Wettbewerb nicht mithalten können, und den Stärkeren.« Ihre Aufgabe sei es, Menschen zu unterstützen, damit sie ihre Teilhaberechte nutzen können, zum Beispiel wählen gehen zu können. Ihre Arbeit sei immer ein Stück weit auch Lobbyarbeit für ihre Klientel.

Soziale Arbeit hat aber auch eine Ordnungsfunktion. Zumindest wird dies unterstellt und erwartet, nicht zuletzt von den Geldgeberinnen und Geldgebern. »Die meisten Streetwork-Angebote würden wohl nicht finanziert, wenn es keine Probleme mit unserer Klientel gäbe«, sagt Meier, »es braucht Anlässe dafür, dass Projekte wie das unsere ins Leben gerufen werden. Dann gilt: ›Mit Platzverweisen kommen wir nicht mehr weiter, wir brauchen jetzt Sozialarbeit.‹«

Mit Straßentrinkern zu arbeiten, bedeutet dann nicht nur, Menschen zu helfen. Es bedeutet auch zu vermitteln. Und es bedeutet, Menschen ein Stück weit zu kontrollieren, zu lenken, zu bremsen. »Wir versuchen einerseits, bei unseren Klientinnen und Klienten Verständnis für den Rest der Gesellschaft zu wecken«, führt Meier aus, »Verständnis dafür, dass eine Gruppe von vielleicht fünf betrunkenen, lauten Männern nun mal einschüchternd auf Kinder oder auch andere Menschen wirkt.« Sie versuche dann zu verdeutlichen, dass Regeln des Zusammenlebens eingehalten werden müssen.

Andererseits arbeite sie aber nicht nur direkt mit ihren Klientinnen und Klienten, sondern habe mit der Bürgerschaft Kontakt und nehme an Runden Tischen teil. Dort werden auch Schwierigkeiten angesprochen. Meier versucht dann zu vermitteln. Etwa gegenüber Anwohnerinnen und Anwohnern oder Gewerbetreibenden, die sich durch ihr Klientel gestört fühlen. »Und wir versuchen, in die Gesellschaft hinein für Verständnis dafür zu werben, dass Sucht eine Krankheit ist und kein böser Wille«, sagt Meier, »dass es für die Situation dieser Menschen Gründe gibt und sich niemand von ihnen im Alter von vierzehn Jahren überlegt hat, dass es ihr Lebensziel sei, arbeitsloser Alkoholiker zu werden.«

Für Ordnung zu sorgen, dürfe aus Meiers Sicht aber nicht im Vordergrund stehen. Das sei nicht ihre Aufgabe, sondern könne höchstens ein Nebeneffekt sein. Füreinander wechselseitig Verständnis zu schaffen, das sehe sie allerdings schon als eine wichtige Aufgabe. »Denn es mag sein, dass unsere Leute manchmal stören«, fügt Meier hinzu, »aber das muss eine Stadtgesellschaft aushalten. Die Stadt gehört allen.«

Das Urteil war eindeutig: »Durch die in gegenwärtiger Instanz veranlaßte Vernehmung des Armenbezirksvorstehers und des Armenpflegers ist nun erwiesen, daß die Familie N. in äußerster Armut und Dürftigkeit lebt. Die Aussagen der Zeugen ergeben jedoch zugleich, daß allein die Trunksucht der Eheleute Grund dieser Armut ist. Die Eheleute, von denen der Mann erst fünfzig Jahre alt ist, sind gesund und arbeitsfähig und könnten bei gutem

Willen sehr wohl für sich und ihre beiden Kinder den erforderlichen Unterhalt verdienen, zumal das ältere Kind, der bereits vierzehnjährige Sohn, in kurzer Zeit der elterlichen Fürsorge entwachsen sein wird. Unter diesen Umständen kann eine dauernde Hilfsbedürftigkeit der Familie nicht anerkannt werden.«

Das Bundesamt für das Heimatwesen war kein Amt, sondern ein Gericht. Es entschied im Deutschen Reich über Streitigkeiten zwischen Armenverbänden, die vor Ort zuständig waren, arme Menschen und Familien zu unterstützen. In diesem Fall wollte sich der Armenverband Schleswig vom Armenverband Rendsburg 1883 die Kosten für die Unterstützung der Familie N. erstatten lassen. Dem gab das Gericht statt – verbunden allerdings mit dem Hinweis, Schleswig müsse die »Eheleute durch die ihr gesetzlich zustehenden Zwangsmittel zu einem geordneten Lebenswandel zurückzuführen, insbesondere zur Arbeit«. Eines dieser Zwangsmittel war die Haft. Familie N. sollte die volle Härte des Gesetzes zu spüren bekommen.[13]

Dieses Urteil ist nur eines von vielen in jener Zeit. Und doch ist es aus zwei Gründen interessant: Erstens zeigt es, dass Alkoholabhängigkeit im späten 19. Jahrhundert noch nicht als Krankheit galt. Sucht als Krankheit – ein solches Verständnis bildete sich im 19. und frühen 20. Jahrhundert erst langsam heraus.[14] Zweitens zeigt das Urteil, dass Armut nicht gleich Armut war. Schon seit dem späten Mittelalter – und bis heute – unterschied man zwischen »würdigen« und »unwürdigen« Armen. Als der gesellschaftlichen Unterstützung würdig galten und gelten insbesondere Arme, die zur Arbeit aus gesundheitlichen Gründen nicht fähig sind – und arbeitsfähige Arme, die sich um Arbeit bemühen. Frauen wurden eher als Männer für würdig erklärt. Familie N. galt als unwürdig, insbesondere aufgrund der Alkoholabhängigkeit der Eltern.

Anders als damals gilt Sucht heute als Krankheit. Eigentlich. Denn wer süchtig ist, ist selbst heute nicht davor geschützt, als unwürdig gebrandmarkt zu werden. Vielmehr hat sich die Unterscheidung zwischen Würdigen und Unwürdigen in gewisser Weise auf Suchtkranke übertragen. Wer aufgrund der Sucht den Lebensunterhalt nicht mehr selbst bestreiten kann, mit einem oder mehreren Entzügen scheitert, wer Struktur und Ordnung verliert, auf der Straße andere belästigt oder gar kriminell wird, gilt als unwürdig. Wer hingegen seine Sucht aktiv bekämpft, seinen Lebensunterhalt weiter selbst bestreitet oder im Beruf erfolgreich bleibt, gilt als würdig. Er oder sie gilt in erster Linie als krank, als hilfebedürftig – und nicht als soziales Problem.

Was leicht übersehen wird: Den privaten und beruflichen Alltag trotz Abhängigkeit weiter bewältigen zu können, mitten im Leben zu stehen, dabei vielleicht sogar erfolgreich zu bleiben und Leistung zu bringen – das hat mit Charakter nichts zu tun. Und es geht hier nicht um eine besondere Kategorie von Sucht oder von Mensch. Vielmehr gehen sehr viele Suchtkranke vorübergehend durch eine solche frühe Phase der Sucht. Ob dem der völlige soziale Absturz folgt, einschließlich des Verlusts etwa von Arbeit, Wohnung, Freunden und Familie, das hängt ganz entscheidend von den Ressourcen ab, die einem Menschen zur Verfügung stehen. Hilfreich sind ein gesichertes soziales Umfeld, Hilfsangebote zu kennen und zu haben und nicht zuletzt ein halbwegs gut gefüllter Geldbeutel. Wer über all das nicht verfügt, hat es deutlich schwerer. Und geringere Möglichkeiten, sich selbst noch auffangen zu können.

Es gibt Chancen, aus der Suchtkrankheit auf der Straße wieder herauszufinden. »Wir haben immer wieder Menschen, die das schaffen«, sagt die Sozialarbeiterin Anja Meier, »2021 hatten wir trotz Corona sechs oder sieben Menschen in Therapien vermittelt, alle miteinander wohnungslos. Sie alle haben durchgehalten, und keiner von denen ist seither wieder auf der Straße gelandet. Ob das jetzt bei allen dauerhaft so bleibt, kann man natürlich nicht sagen. Aber es ist doch möglich.«[15] Wenn es solche Fälle nicht gäbe, würde sie diese Arbeit überhaupt nicht machen können, meint sie.

»Letzte Woche hat ein früherer wohnungsloser Klient Kontakt zu mir aufgenommen, ein jüngerer Mann«, fährt Meier fort, »er war alkohol- und drogenabhängig. Wir unterstützten ihn damals verschiedentlich, etwa dabei, seinen Anspruch auf Arbeitslosengeld II durchzusetzen. Und wir konnten ihn überzeugen, es doch nochmal zu versuchen, den Absprung zu schaffen. Also eine Therapie zu machen, um von Alkohol und Drogen wegzukommen. Das hat er alles durchgezogen.« Nachdem sie einige Zeit nichts mehr von ihm gehört hatte, rief er Meier wieder an und schickte E-Mails. Er wollte erzählen, wie es ihm ergangen ist. Er schickte Fotos von seiner Hochzeit und seiner Frau. »Und letzte Woche hat er angerufen, um zu erzählen, dass er kurz vor Weihnachten Papa einer Tochter geworden sei und es ihm total gut gehe«, sagt Meier, »er wollte uns noch mal danke sagen. Das war toll.«

Erfolg ist für Meier aber nicht nur, möglichst viele Leute in die Reha oder die Entgiftung zu vermitteln. »Mir ist für meine Arbeit wichtig, dass unsere Leute wissen, dass sie sich auf uns verlassen können«, führt Meier aus, »dass sie uns am Herzen liegen. Dass wir für sie da sind, obwohl sie den zehnten Termin versemmelt haben. Und dass wir auf ihre Beerdigung gehen, wenn sie mal nicht mehr da sind.« Wenn sie das wüssten, dann sei das ein Erfolg. »Manche bringen andere zu uns mit, weil ihnen bei uns geholfen wird«, sagt Meier, »das zeigt ja, dass wir die Situation der Leute tatsächlich verbessern können. Viele sagen aufrichtig Danke. Und manche bringen uns Süßigkeiten mit. Obwohl sie eigentlich ja selbst nichts haben.«

Aber es gebe auch die anderen Fälle, die traurigen. »Der allererste Klient, den ich an meinem ersten Streetwork-Tag kennengelernt habe, ist vor einem Jahr gestorben«, erzählt Meier, »zusehen zu müssen, wie er einfach aufgegeben hat und nicht mehr wollte, das war schlimm. Es war einfach nichts mehr zu machen. In einer nassen, kalten, ekligen Nacht ist er einfach vor sich hin verreckt, und am nächsten Morgen hat man ihn dann gefunden.« Die Art und Weise, wie diese Menschen ganz alleine und elend sterben, die findet Meier schrecklich.

Die Sozialarbeiterin erfährt von solchen Todesfällen meist von anderen Klientinnen und Klienten. Manchmal werde Meier von der Polizei angerufen und müsse jemanden identifizieren, wenn sie keine Papiere gefunden haben. »Wenn ich jemanden lange nicht mehr sehe und Gerüchte herumgehen, dass da etwas passiert sei, dann rufe ich das Friedhofsamt an und frage nach«, sagt Meier, »wenn die Leute im Krankenhaus sind und dort sterben, dann ruft uns die Krankenhausverwaltung an.« Die Klientinnen und Klienten geben sie dort oft als Kontaktperson an.

Endnoten

1 Henkel, D. (1998) »›Die Trunksucht ist die Mutter der Armut‹ – zum immer wieder fehlgedeuteten Zusammenhang von Alkohol und Armut in Deutschland vom Beginn des 19. Jahrhunderts bis zur Gegenwart«, in: Henkel, D. (Hrsg.): *Sucht und Armut. Alkohol, Tabak, illegale Drogen*, Opladen: Leske + Budrich, S. 13–80.

2 Henkel, D. / Schröder, H. (2015) »Suchtdiagnoseraten bei Hartz-IV-Beziehenden in der medizinischen Versorgung im Vergleich zu ALG-I-Arbeitslosen und Erwerbstätigen. Eine Auswertung der Leistungsdaten aller AOK-Versicherten der Jahre 2007–2012«, in: *Suchttherapie* 16/3, S. 129–135.

3 Henkel, D. (2011) »Substanzkonsum und soziale Ungleichheit. Schwerpunkt Armut«, Vortrag, 31. August 2011 in Hannover.

4 Lange, C. / Manz, K. et al. (2016) »Alkoholkonsum von Erwachsenen in Deutschland: Riskante Trinkmengen, Folgen und Maßnahmen«, in: *Journal of Health Monitoring* 1/1.

5 Dauber, H. / Braun-Michl, B. (2022) »Die ambulante Suchthilfe im Wandel der Zeit – Veränderungen von Klientel, Problembereichen und Betreuungsergebnis zwischen 2007 und 2016«, in: Suchttherapie 23/2, S. 77–86.
Seitz, N. / Lochbühler, K. et al. (2019) »Trends des Substanzkonsums und substanzbezogener Störungen«, in: Deutsches Ärzteblatt 35–36, S. 585–591.

6 Henkel, D. (1998) »›Die Trunksucht ist die Mutter der Armut‹ – zum immer wieder fehlgedeuteten Zusammenhang von Alkohol und Armut in Deutschland vom Beginn des 19. Jahrhunderts bis zur Gegenwart«, in: Henkel, D. (Hrsg.) *Sucht und Armut. Alkohol, Tabak, illegale Drogen*, Opladen: Leske + Budrich, S. 13–80.

7 Schwarzkopf, L. / Künzel, J. et al. (2021) »Suchthilfe in Deutschland 2020. Jahresbericht der Deutschen Suchthilfestatistik (DSHS)«, München.

8 Rommel, A. / Köppen, J. (2016) »Migration und Suchthilfe. Inanspruchnahme von Leistungen durch Menschen mit Migrationshintergrund«, in: *Psychiatrische Praxis* 43/2, S. 82–88.

9 Leicht, A. / Köhnlein, R. (2018) »›Niemanden zurücklassen‹. Migrierte Menschen in der Drogen- und Suchthilfe«, in: *Suchttherapie* 19/3, S. 119–125.

10 Deutsche Hauptstelle für Suchtfragen (Hrsg.) (2019) »Die Versorgung von Menschen mit Suchtproblemen in Deutschland«, Hamm.

11 Kuhn, U. / Graß, J. / Klein, M. (2018) »Aktuelle Ergebnisse aus der vergleichenden Berufsfeldforschung: Psychische Belastungen und Burnoutrisiken im Handlungsfeld der Suchthilfe«, in: *Suchttherapie* 19/1, S. 39–45.

12 Henn, S. / Lochner, B. (2017) »Arbeitsbedingungen als Ausdruck gesellschaftlicher Anerkennung Sozialer Arbeit«, Frankfurt/M.: GEW.

13 Henning, H. / Tennstedt, F. (Hrsg.) (2015) »Quellensammlung zur Geschichte der deutschen Sozialpolitik«, Abteilung II, Band 7, Darmstadt: WBG.

14 Schabdach, M. (2009) »Soziale Konstruktionen des Drogenkonsums und Soziale Arbeit. Historische Dimensionen und aktuelle Entwicklungen«, Wiesbaden: Springer VS.

15 Gemeint ist der Zeitraum bis zum Zeitpunkt des Interviews Ende Januar 2022.

IV – »Was letztendlich auf das Konto rollt«

Rente

Rolf Dieter Homeyer ist Hannover zeitlebens treu geblieben. Der Chemielaborant ist Jahrgang 1952 und als Rentner noch immer Vollblutgewerkschafter. Seit Ende der 1960er Jahre war er bei den damaligen kabelmetal-Werken in Hannover beschäftigt, zu Beginn als Auszubildender, dann als technischer Angestellter. Das Unternehmen gehörte später zu Alcatel und firmiert nach einigen Umstrukturierungen seit 2000 unter dem Namen Nexans. Früh wurde Homeyer gewerkschaftlich aktiv. Nach seinem Eintritt in die IG Metall war er zunächst Jugendvertreter und Vertrauensmann, später Mitglied des Betriebsrats.

Ende der 1980er Jahre und vor allem nach der Grenzöffnung zur DDR hat sein Arbeitgeber zahlreiche Wettbewerber aufgekauft. »Ziel des Managements war es, Konkurrenz vom Markt zu nehmen«, sagt Homeyer, »sie schlossen bundesweit Betriebe. Die Zahl der Beschäftigten ging von über 10.000 auf unter 2.000 runter.« Da habe es unter anderem zur Altersversorgung der Entlassenen Regelungen gebraucht. »Die Frühverrentung war damals ja noch recht vorteilhaft geregelt. Wir haben als Gesamtbetriebsrat vereinbart, dass die Rentenminderungen zumindest zu einem gewissen Teil durch zusätzliche Abfindungen ausgeglichen werden«, berichtet Homeyer. Diese Verhandlungen haben ihn erstmals mit dem Thema Rente in Kontakt gebracht.

Ende 1993 übernahm Homeyer den Vorsitz des Gesamtbetriebsrats in der kabelmetal-Gruppe. Damit war er Verhandlungsführer bei Betriebsschließungen und für Sozialpläne, sofern es nicht Einzelstandortverträge betraf. »In den 2000er Jahren haben wir Änderungen bei der betrieblichen Rente erstritten: Die war bis dahin extrem managementfreundlich. Normale Beschäftigte waren viel schlechter gestellt als leitende Führungskräfte. Da konnten wir deutliche Verbesserungen erreichen«, fügt er hinzu.

2010 ist Homeyer in die passive Phase der Altersteilzeit gegangen. Er hat angefangen, Seminare für die IG Metall zu veranstalten, die ältere Mitglieder auf die Rente vorbereiten. »Uns ist wichtig, dabei die Rentenpolitik – wenn nötig – auch zu kritisieren«, sagt der langjährige Betriebsrat. »Inzwischen bin ich zudem ehrenamtlicher Versichertenältester. Ich berate und begleite im Auftrag der Deutschen Rentenversicherung Versicherte vor und während der Antragstellung bis hin zum Renteneintritt. Ich kann diesen Menschen helfen, das ist ein gutes Gefühl.«

Hedwig Maier ist heute 72 Jahre alt. Ihr erstes Kind Nadine bekam sie, kurz nachdem sie ihre Ausbildung zur Bauzeichnerin abschloss. Da war sie achtzehn Jahre alt. Nach einigen Jahren der Kindererziehung arbeitete sie zunächst in Teilzeit als Angestellte, bevor sie ihr zweites Kind Florian bekam. Als Nadine und Florian »welterfahren genug« waren, wie Hedwig Maier zu sagen pflegt, arbeitete sie zu einem durchschnittlichen Gehalt als angestellte Bauzeichnerin in Vollzeit, unterbrochen durch eine langwierige Krankheit. Mehrere Monate bildete sie sich in Vollzeit weiter. Nach der Scheidung von ihrem ersten Mann, einem Handwerksmeister, war sie fast ein Jahr arbeitslos, bevor sie in eine Selbständigkeit mit geringem Verdienst wechselte. Nach dem frühen Tod ihres zweiten Ehemanns arbeitete sie bis zum Renteneintritt erneut einige Jahre in Vollzeit als Angestellte. Für die Pflege des langjährigen Versicherungsvertreters hatte sie ihre Arbeitszeit zuvor reduziert. Mit 64 Jahren ging sie schließlich vorzeitig in Rente – aus gesundheitlichen Gründen. Ihren Lebensunterhalt bestreitet sie seitdem in erster Linie aus Zahlungen der gesetzlichen Rentenversicherung.

Stellt man sich die Sozialversicherung in Deutschland als großen Baum vor, so ist die gesetzliche Rentenversicherung einer seiner fünf Zweige – neben der Kranken-, Arbeitslosen-, Pflege- und Unfallversicherung. Pflichtversichert sind im Wesentlichen Arbeitnehmerinnen und Arbeitnehmer, Auszubildende sowie bestimmte Selbständige (wie etwa Hebammen, Künstlerinnen und viele Handwerker).

Die bekannteste Leistung der gesetzlichen Rentenversicherung ist die »Altersrente«. Versicherte wie Hedwig Maier erhalten sie nach ihrem Berufsleben. Rente bekommen Versicherte ebenso, wenn sie aus gesundheitlichen Gründen nur noch eingeschränkt oder gar nicht mehr arbeiten können: die »Erwerbsminderungsrente«. Hinzu kommt die »Rente für Hinterbliebene« verstorbener Versicherter, allen voran die »Witwen-« oder »Waisenrente«. Die gesetzliche Rente deckt also drei »Risiken« ab: Alter, Erwerbsminderung und Tod.[1] Bei privaten Rentenversicherungen ist dies hingegen nicht der Fall.

Die Versicherten zahlen während ihres Erwerbslebens in die Rentenkasse ein. Ihre Beiträge hängen von ihren Einkommen ab. Arbeitgeber legen den gleichen Beitrag obendrauf, sie beteiligen sich an der gesetzlichen Altersvorsorge ihrer sozialversicherungspflichtig Beschäftigten also zur Hälfte. Für diese Beiträge erhalten die Versicherten Ansprüche auf eine spätere Rente. Zur Absicherung von Arbeitslosen entrichtet die Bundesagentur für Arbeit

Beiträge – allerdings nur in geringem Umfang und nur unter bestimmten Umständen.[2] Ansprüche auf eine spätere Rente erwerben in einem gewissen (beschränkten) Umfang Mütter und Väter, die Kinder erziehen. Sie müssen dafür keine Beiträge entrichten. Gleiches gilt für Menschen, die die Pflege naher Verwandter übernehmen.

Die Rente spiegelt das Erwerbsleben. Wer die finanzielle Lage im Alter einschätzen möchte, muss daher die Biografie kennen. Da das Erwerbsleben und das Privatleben eng miteinander verknüpft sind, spiegelt die gesetzliche Rente letztlich das Leben mit all seinen Irrungen und Wirrungen. Das zeigt auch der eingangs geschilderte Lebenslauf Hedwig Maiers. Er umfasst die wichtigsten Ereignisse und Phasen, die sich auf die spätere Rente auswirken. Dafür ist er künstlich zusammengestellt. »Hedwig Maier« gibt es nicht. Wohl aber gibt es Lebensverläufe, die aus Sicht der Rente »günstiger« oder »weniger günstig« sind als andere. »Hedwig Maier« wäre aufgrund ihrer vielen Jahre der Kindererziehung, der Krankheit, der Arbeitslosigkeit und der Selbständigkeit mit geringem Verdienst nicht auf Rosen gebettet.

Versicherte ab dem Jahrgang 1964 können mit 67 Jahren in Rente gehen, ältere Jahrgänge etwas eher. Wer – wie »Hedwig Maier« – früher in Rente geht, muss Abschläge hinnehmen. Ausnahmen gibt es wenige, etwa für besonders langjährig Versicherte sowie Schwerbehinderte.

Der Gewerkschafter Rolf Dieter Homeyer sagt dazu: »Früher in Rente zu gehen, als es das Gesetz eigentlich vorsieht, ist bei der Mehrzahl der von mir Beratenen ein Thema. Sie erleben das Arbeitsleben als Tretmühle, wollen da raus. Andere werden gedrängt, zwecks Personalabbau vorzeitig auszusteigen. Einige haben gesundheitliche Probleme.« Der ehrenamtliche Versichertenälteste schätzt, dass höchstens fünf von hundert der von ihm Beratenen wegen der Rentenabzüge trotzdem weiterarbeiten. Die meisten, die das wollen, gingen vorzeitig in Rente. »Wir müssen allerdings sehen: Ich berate vor allem Kolleginnen und Kollegen aus dem Metallbereich«, so Homeyer. »Hier sind die Entgelte und entsprechend die Renten in der Regel recht hoch, sodass sie sich den früheren Renteneintritt leisten können. In anderen Branchen sieht das anders aus. Die Kolleginnen und Kollegen dort müssen oft bis zum bitteren Ende durchhalten«.

Die Rente, ein Spiegel des Erwerbslebens. Die durchschnittliche Rentenhöhe betrug 2022 monatlich 1.054 Euro. Dabei fielen die Renten der Frauen mit durchschnittlich 863 Euro niedriger aus als die der Männer mit 1.295 Euro.[3] Für dieses Ungleichgewicht gibt es vor allem zwei Gründe: Frauen arbeiten häufiger in Teilzeit oder gar nicht, weil sie nach wie vor mehr Zeit für Erziehung und Pflege aufwenden als Männer. Insofern ist der Lebenslauf »Hedwig Maiers« keineswegs nur das Sozialgesetzbuch in Biografieform. Er ähnelt dem Weg vieler Frauen. Zudem werden Berufe, in denen Frauen überdurchschnittlich häufig tätig sind, oft schlechter bezahlt. Floristinnen, Reinigungskräfte und Näherinnen, Beschäftigte in der Gastronomie sowie im Einzelhandel, aber auch in vielen sozialstaatlichen Einrichtungen können ein Lied davon singen. Wer weniger verdient, zahlt weniger in die Rentenkasse ein und erhält entsprechend weniger zurück.

Die genannten Durchschnitte verdecken, dass die Höhen der Renten sehr unterschiedlich ausfallen. Es gibt sehr niedrige – und recht hohe. So lagen 2022 einerseits fast 3,6 Millionen Altersrenten unter 450 Euro pro Monat (davon über 2,4 Millionen Renten für Frauen). Andererseits überschritten etwa 934.000 Altersrenten den Betrag von 2.100 Euro pro Monat (davon etwa 830.000 Renten für Männer).[4]

Im internationalen Vergleich sind die Renten in Deutschland niedrig. Wer vor dem Renteneintritt durchschnittlich verdient, dessen Rente beträgt hierzulande kaum mehr als die Hälfte des letzten Gehalts. Kein Wunder, dass die Rentenberechnung für viele ein böses Erwachen bedeutet, wie Rolf Dieter Homeyer berichtet. »Bei den meisten, die wir beraten, tritt eine Schockwirkung ein, wenn wir ihnen die Rente aus ihrem bisherigen Rentenkonto hochrechnen. Wir erklären ihnen nüchtern, was letztendlich auf ihr Konto rollt«, sagt der Gewerkschafter, »sie haben oft keine Idee davon – selbst wenn sie mit der Rentenauskunft der Deutschen Rentenversicherung zu uns kommen. Für viele ist das ein Schock.« Es sei immer viel weniger, als die Ratsuchenden aus ihrer Vergütung gewohnt sind.

In anderen Industrieländern sieht es besser aus. In Österreich und den Niederlanden erhalten durchschnittlich Verdienende fast 90 Prozent des letzten Gehalts als gesetzliche Rente, in Italien, Spanien und Dänemark über 80 Prozent, in Frankreich fast 75 Prozent.[5]

Rolf Dieter Homeyer: »Vor ein paar Wochen kam eine Kollegin zu mir, die bei einem bekannten Autozulieferer in mittlerer

Leitungsfunktion tätig war. Sie war psychisch am Ende. Sie sagte, sie werde ihrer Vorgesetztenfunktion nicht mehr gerecht. Stressbedingt konnte sie nicht mehr und wollte in Rente gehen. Burnout. Wir haben dann mit viel Mühe einen Erwerbsminderungsantrag aufgenommen, mit allen ärztlichen Befunden. Solche Anträge sind sehr umfangreich, gerade bei dieser Rente. Da muss die ganze Krankengeschichte aufgeblättert werden – man muss Dritten gegenüber die Hose runterlassen, wie man so schön sagt. So eine Antragsbearbeitung dauert zwei bis drei Stunden. Viel länger dauert es im Vorfeld. Die Kollegin hatte über ein Jahr lang immer wieder Arbeitsunfähigkeiten: eine Zeit voller finanzieller Unsicherheiten und Ängste. Die Entscheidung, einen Antrag auf Erwerbsminderungsrente zu stellen, macht sich niemand leicht.«

In ihrer Haut mochte man nicht stecken. Die Mutter des Fabrikarbeiters H. W. aus der damaligen Gemeinde Osterfeld konnte aus Altersgründen nicht mehr für sich sorgen. Ihr 37-jähriger Sohn, selbst Familienvater, wandte sich deshalb am 11. November 1878 an die örtliche Armenkommission. Er habe die verarmte, verwitwete Frau zwar in sein Haus aufgenommen und unterstütze diese nach Kräften. Die Armenkommission aber möge dafür sorgen, dass auch sein Bruder für die Versorgung der Mutter aufkomme. Der habe sie zunächst bei sich aufgenommen, sie dann aber mit der Bemerkung weggeschickt, er werde sie nicht mehr unterstützen. Sämtliche Möbel und Haushaltsgegenstände der Frau habe er einbehalten.[6]

Die Situation muss für die Mutter bitter gewesen sein. Und sie war sicher kein Einzelfall: Wer während der Industrialisierung im 19. Jahrhundert als Arbeiterin oder Arbeiter lebte und aus Altersgründen für sein Einkommen nicht mehr selbst sorgen konnte, war auf die Familie angewiesen. Zwar gab es Hilfssysteme, die etwa von Industriellen getragen wurden oder auf Selbsthilfe beruhten. Sie erreichten aber nur einen kleinen Teil der Bevölkerung und gewährleisteten kein Altern in Würde. Öffentliche Unterstützung gab es ebenfalls nur unzureichend, eher willkürlich und in Ausnahmefällen.

Dass man im Alter auf die Unterstützung der eigenen Familie zählen musste, war daher die Regel. Wer alt wurde, bedachte dies bei der Weitergabe des eigenen Besitzes. Ein Beispiel ist der verwitwete Fabrikarbeiter Anton Haus aus Duisburg. Er wusste, dass er absehbar auf die Unterstützung seiner Kinder angewiesen sein würde. Fünf seiner Kinder erhielten 1866 lediglich die Kleidung seiner verstorbenen Frau. Sein Sohn Johann hingegen erbte Möbel und Haushaltsgegenstände, ferner zwei Geldforderungen, aber auch die Schulden des Vaters. Im Gegenzug verpflichtete sich der Sohn, den Vater lebenslänglich zu ernähren und zu versorgen – und später die Beerdigung zu bezahlen. Die voraussichtlichen Kosten für den Sohn überstiegen den Wert der Schenkung bei Weitem.

Es ist leicht vorzustellen, dass solche Konstellationen zu Konflikten führten. Entsprechend misstrauisch war man gegenseitig. Der Zechenaufseher Klingenberg aus Duisburg übertrug 1872 seiner verheirateten Tochter sein gesamtes Vermögen in Höhe von 2.700 Mark, das nur aus Möbeln und Haushaltsgegenständen bestand.

Er behielt sich vor, diese Gegenstände trotz des Übertrags lebenslang nutzen zu dürfen. Als Gegenleistung sollten Tochter und ihr Ehemann ihn lebenslang versorgen, Kleidung und Gesundheitsversorgung eingeschlossen. Dazu ein monatliches Taschengeld sowie zwei Zimmer in deren Wohnung ausschließlich zu seiner eigenen Nutzung. So ganz schien der verwitwete Vater seiner Tochter allerdings nicht zu trauen: Für den Fall, dass er wieder in eine eigene Wohnung zieht, sollte diese ihm vierteljährlich das Zehnfache des vereinbarten Taschengeldes bezahlen.[7]

Es war vor diesem Hintergrund ein Fortschritt, dass das Deutsche Reich 1891 eine staatliche Rentenversicherung einführte. Finanziert wurde sie aus Beiträgen der Arbeiterinnen und Arbeiter sowie der Arbeitgeber. Sie gewährleistete ein menschenwürdiges Leben im Alter und bei Invalidität zwar nicht. Dafür waren ihre Leistungen zu gering. Sie verbesserten dennoch das Leben der versicherten Beschäftigten und ihrer Hinterbliebenen. Die Rente lockerte die konfliktreiche Abhängigkeit von der Familie.[8]

Eine sozial gesinnte Wohltat war die gesetzliche Rente gleichwohl nicht. Sie war – wie die kurz zuvor gegründete staatliche Krankenversicherung und die Unfallversicherung – der Angst vor Unruhen und einem Erstarken von Gewerkschaften und Sozialdemokratie geschuldet. Zuerst versuchten Kaiser Wilhelm I. und sein Reichskanzler Otto von Bismarck Unzufriedenheit, Streiks sowie Elend der Arbeiterinnen und Arbeiter durch Verbote, ungleiches Wahlrecht und Polizeiknüppel in den Griff zu bekommen. Das scheiterte. Nun sollten es »Zuckerbrot und Peitsche« gleichermaßen sein – wie es sowohl der Reichskanzler selbst als auch seine sozialdemokratischen Gegenspieler formulierten.

Siebzig Jahre nach Bismarck und Wilhelm standen erneut zwei Männer im Zentrum der Rentenpolitik. Doch die Vorzeichen waren nun gänzlich andere. Denn der Alte konnte den Anderen nicht leiden. Alles an ihm nervte. Sein Zigarrengestank. Sein unendliches Gelaber. Seine Unkenntnis. Seine Sturheit. Seine Eitelkeit. Seine Faulheit. Was der Alte von ihm hielt, ließ er ihn spüren. Dass er es so weit gebracht hatte, grenzte ohnehin an ein Wunder. Der erste Untersuchungsausschuss Westdeutschlands nach dem Krieg hatte seine Amtsführung als Bayerischer Wirtschaftsminister unter die Lupe genommen. Ergebnis: als Minister völlig ungeeignet. Dennoch musste der Alte den Anderen nun als Wirtschaftsminister in seiner Regierung ertragen. Weil der Minister mächtige Freunde und Fürsprecher hatte, in der Wirtschaft, bei der Presse. Sie organisierten und finanzierten Kampagnen für ihn. Priesen ihn als Vater des Aufschwungs. Und ja, er konnte sich gut verkaufen. Kein Wunder, dass die Leute ihn mochten. Minister Ludwig Erhard war das Zugpferd der CDU – nicht Bundeskanzler Konrad Adenauer.

Sie brauchten einander. Und sie konnten kaum miteinander. In der Rentenpolitik knallte es immer wieder. Adenauer hatte vor der Bundestagswahl 1953 eine große Sozialreform versprochen. Anlass gab es genug. Der Aufschwung nach dem Krieg war an vielen Menschen vorbeigegangen, allen voran an den alten. Die Renten reichten kaum zum Leben. Hinzu kam, dass seit Bismarcks Zeiten die gesetzliche Rentenversicherung auf Rücklagen beruhte. Die Beiträge der Versicherten und der Arbeitgeber wurden am Kapitalmarkt angelegt und sollten im Alter ausgezahlt werden. Diese Rücklagen waren nun durch Inflation und Krieg pulverisiert. Auszuzahlen gab es wenig. Adenauer musste liefern, auch mit Blick auf die nächste Wahl.

Einen kleinen Schritt voran kam er in einem hübschen Schweizer Bergdorf. Mürren liegt auf 1.650 Meter Höhe im Berner Oberland, bewohnt von wenigen hundert Seelen, einst besiedelt von Ausgewanderten aus dem Wallis. In den 1930er Jahren fanden dort zwei Ski-Weltmeisterschaften statt. 1969 entstanden in Mürren Szenen für *Im Dienst ihrer Majestät*, den sechsten James-Bond-Film. Vierzehn Jahre zuvor wählte Adenauer den Ort für einen wochenlangen Urlaubsaufenthalt. Wobei Urlaub es nicht ganz trifft: Adenauer verlegte seine Regierungszentrale in die Alpen, um dem Treffen der Vier Mächte in Genf nahe zu sein. Er ließ Fernschreiber mitsamt Chiffriergerät installieren, Akten anliefern, empfing Minister und Staatssekretäre. Und in Mürren machte ihn sein Sohn Paul, ein Priester, auf einen rentenpolitischen Reformvorschlag von Wilfried Schreiber aufmerksam. Der Vorsitzende des Bunds Katholischer Unternehmer regte an, die gesetzliche Rente auf das so genannte Umlageverfahren umzustellen: Die Renten sollten nicht mehr aus angesparten Kapitalrücklagen, sondern direkt aus den monatlichen Beiträgen der Versicherten und ihrer Arbeitgeber finanziert werden. Zugleich sollten sie angehoben und regelmäßig an die Löhne angepasst werden.

Adenauer übernahm viele Teile des Konzepts nicht, wohl aber die Grundidee. Er stieß damit auf Zustimmung bei SPD und Gewerkschaften, denen Adenauer gleichwohl nicht weit genug ging. Wirtschaftsminister Erhard aber lief Sturm dagegen, und nicht nur er. Teile der Unionsfraktion im Bundestag stellten sich gegen den Kanzler, der Koalitionspartner FDP sowieso. Adenauer musste seine störrischen Minister in die Schranken weisen. Erhard hatte vor 600 Delegierten des Gesamtverbands der Versicherungswirtschaft verkündet, auf sein Betreiben hin sei eine Anhebung und regelmäßige Anpassung der Renten vom Tisch. Adenauer zwang ihn daraufhin, diese Aussage öffentlich zu korrigieren. Eine Blamage für den Minister.

Arbeitgeber- und Unternehmensverbände versuchten, die Pläne zu stoppen. Banken und Versicherungen ebenso. Sie hatten bis dahin einen Großteil der Geldanlagen der Rentenversicherung verwaltet. Ihnen drohte ein Geschäft verloren zu gehen.

Das wichtigste Argument der Kritiker, neben angeblich explodierenden Kosten der Arbeitgeber: Eine vermeintlich drohende Inflation. Erhard befürchtete überdies einen »Versorgungsstaat«, den er für »modernen Wahn« hielt. Mit dem Gedanken, Rentnerinnen und Rentner am wachsenden Wohlstand teilhaben zu lassen, wollte er sich nicht anfreunden. Er enthielt sich in der entscheidenden Bundestagssitzung der Stimme. Relevant war das nicht: Der Bundestag beschloss die Reform mit den Stimmen von CDU/CSU, SPD und anderen Parteien gegen die FDP. Zur befürchteten Inflation kam es in den folgenden Jahrzehnten nicht. Wohl aber gewannen CDU/CSU bei der Bundestagswahl 1957 die absolute Mehrheit – zum bisher einzigen Mal in der Geschichte der Bundesrepublik.[9]

Armut ist heute längst im Alter angekommen. Altersarmut schreitet in Siebenmeilenstiefeln voran. Der Anteil der Armutsgefährdeten bei den über 64-Jährigen lag 2020 erstmals über dem Anteil der Armutsgefährdeten in der Gesamtbevölkerung.[10] Hierfür gibt es im Wesentlichen zwei Gründe: Zum Ersten sind die Biografien vieler Menschen unsteter geworden. Phasen der Arbeitslosigkeit, der schlechten Bezahlung und der Teilzeit schlagen sich immer häufiger in niedrigeren Renten nieder. Zum Zweiten hat man politisch entschieden, die Renten auszubremsen. Sie reichen immer öfter nicht mehr zum Leben.

Rolf Dieter Homeyer berichtet von einem markanten Fall von Altersarmut. Die Deutsche Rentenversicherung hatte eine Witwe an ihn verwiesen: »Sie bat darum, bei ihr zuhause einen Antrag auf Hinterbliebenenrente aufzunehmen. Ihre eigene Rente betrug weniger als 500 Euro, aus der Hinterbliebenenrente ihres verstorbenen Mannes kamen 480 Euro dazu. Das ist sowas von dramatisch, wenn Du siehst: Da ist jemand in seiner Mobilität eingeschränkt. Wohnt in einer kleinen Einzimmerwohnung in einem Wohnkomplex, in dem mehrere Pflegefälle untergebracht sind. Du spürst, wie hilflos diese Person ist.« Er verweise in solchen Fällen auf das Wohngeld und andere öffentliche Sozialleistungen. Aber die Menschen seien oft unbeholfen oder trauten sich nicht, ihre Ansprüche wahrzunehmen. Homeyer sagt: »Ich selbst berate nicht zu Sozialleistungen jenseits der Rente, verweise aber auf entsprechende Stellen – und hoffe, dass die Betroffenen diese dann aufsuchen.«

1957 hatte Erhard gegen Adenauer den Kürzeren gezogen. Zwanzig Jahre später starb er. Und weitere zwanzig Jahre später begann er, als Untoter durch die deutsche Rentenpolitik zu spuken.

Was Erhard gegen Adenauers Pläne vergebens vorbrachte, galt in wichtigen Teilen der Politik und Öffentlichkeit ab den 1990er Jahren plötzlich als zutreffend. Die Zeitungen brachten Artikel darüber, wie Recht Adenauers Gegenspieler damals doch angeblich gehabt habe. *Der Spiegel* behauptete 2004, Adenauer sei der erste gewesen, der sich in die »Chronik des Niedergangs« eingeschrieben habe.[11]

Annelie Buntenbach verantwortete bis 2020 die Rentenpolitik im Vorstand des Deutschen Gewerkschaftsbundes. Zuvor war sie von 1994 bis 2002 Bundestagsabgeordnete für Bündnis 90/Die Grünen. Sie erinnert sich noch gut an die Zeit, in der ausgerechnet eine rot-grüne Bundesregierung die Rente im Geiste Ludwig Erhards reformierte: »Nur eine Minderheit der Abgeordneten von SPD und Grünen, zu der ich gehörte, stimmte dagegen.«

Der Glaubenssatz lautete: Wegen des demografischen Wandels gebe es immer weniger Menschen im arbeitsfähigen Alter, während die Zahl der Rentnerinnen und Rentner ansteige. Ein Rentensystem, bei dem immer weniger Junge die Renten für immer mehr Alte finanzieren, könne aber auf Dauer nicht funktionieren. Die steigenden Rentenbeiträge würden die Jungen übermäßig belasten. Der Wohlstand sinke. Die Presse überbot sich mit geschmacklosen Bildern. *Der Spiegel* hatte 2004 ein Baby auf dem Titel, das eine rentnerbesetzte Hantel stemmen musste.[12] »Man hat kontinuierlich auf die gesetzliche Rente draufgehauen«, sagt Buntenbach. »Auch innerhalb der Grünen war die Debatte schwierig zu führen. Es gab da viele Leute, die sich als Vertreterinnen und Vertreter der jungen Generation präsentieren wollten. Sie meinten, dass gerade die Grünen Akzente gegen eine angebliche Rentnerrepublik setzen sollten.«

Die Arbeitgeber hatten ein Interesse daran, die gesetzliche Rente zu pulverisieren, entrichten sie doch die Hälfte der Rentenbeiträge. Sie schürten Angst vor einem Verlust an Wettbewerbsfähigkeit des »Standorts Deutschland«: Aufgrund der steigenden Sozialbeiträge würden Waren und Dienstleistungen deutscher Unternehmen angeblich zu teuer, es drohten daher Absatzschwierigkeiten und Arbeitslosigkeit. Dass Deutschland schon damals mehr exportierte, als es importierte, von mangelnder Wettbewerbsfähigkeit also keine Rede sein konnte, verschwiegen sie.

Auch Banken und Versicherungen machten sich die Debatte zunutze. Man wollte wieder einen größeren Teil vom Kuchen.[13] Dafür war man auf allen Ebenen unterwegs, wobei sich der Lobbyismus auf die wichtigen Figuren in Parlament und Ministerien konzentrierte. Wenn man etwa einen Bundesminister im Flugzeug bearbeiten konnte, wo einem Gespräch nicht zu entkommen ist, so nutzte man diese Chance. Das musste sich jedenfalls Ulrich Weiß gedacht haben, als er im Flugzeug Walter Riester zum Sitznachbarn hatte. Das Vorstandsmitglied der Deutschen Bank verwickelte den zuständigen Sozialminister in ein Gespräch. Hoch über den Wolken. Während des Fluges. Riester dürfe jetzt nicht nachgeben. Müsse standhaft bleiben. Er könne auf Weiß' Hilfe zählen.

So berichtete es Riester selbst in seinem Buch »Mut zur Wirklichkeit«.[14] Und betont, er habe Weiß' Hilfsangebot abgelehnt. Gänzlich nutzlos werden die Anstrengungen der Finanzwirtschaft in jener Zeit aber nicht gewesen sein. Man ließ sich seine Bemühungen einiges kosten: An Parteien wurde reichlich gespendet. Prominente Wissenschaftler mit der passenden Einstellung bekamen Gelder zur Gründung wissenschaftlicher Institute. Die Deutsche Bank gründete

1997 das Deutsche Institut für Altersvorsorge. Die Lobbyorganisation Initiative Neue Soziale Marktwirtschaft übernahm einen Teil der Produktionskosten einer ARD-Dokumentationsreihe. Gelder gab es unter anderem für den Film *Das Märchen von der sicheren Rente*. Viele Wissenschaftlerinnen und Wissenschaftler, die sich prominent für eine Stärkung privater Altersvorsorgemodelle einsetzten, saßen in Beiräten oder Aufsichtsräten von Finanzunternehmen. Wie zahlreiche Abgeordnete vor allem der CDU/CSU und der FDP, aber auch der SPD und der Grünen. Beliebt waren und sind bei vielen Politikerinnen, Politikern, Wissenschaftlerinnen und Wissenschaftlern Vortragshonorare bei Veranstaltungen der Finanzwirtschaft.[15]

Das Versprechen der Finanzlobby und ihrer Helferlein in Politik und Wissenschaft: Die Kapitalmärkte würden die Probleme der gesetzlichen Rentenversicherung lösen. Denn wenn es nicht mehr genug Junge gebe, um die Renten der Alten zu finanzieren, dann müsse eben jeder und jede selbst Geld zurücklegen. Durch Banken, Versicherungen und Fonds an den Kapitalmärkten investiert, werde sich dieses sogar verzinsen. Am Ende profitierten alle: Die Gesellschaft würde von Alterslasten entlastet, die Menschen bezögen im Alter dennoch ordentliche Renten.[16] »Es gab einen absoluten Hype um den Kapitalmarkt«, führt Buntenbach aus, »die Zinsen hatten irrsinnige Höhen, und viele Leute meinten, das würde nun immer so weitergehen. Der Kapitalmarkt schien Dukaten scheißen zu können.«

Die politische Debatte war verhärtet. Mit inhaltlichen Argumenten kam man nicht weiter.

Annelie Buntenbach: »Wenn Du eine Stärkung der gesetzlichen Rente gefordert hast, wurde Dir vorgehalten, Du hättest den Schuss nicht gehört und die Zeichen der neuen Zeit nicht erkannt. Das betraf die Gewerkschaften, denen bloßer Statuserhalt und mangelnde Innovationsbereitschaft vorgehalten wurde. Sie galten als ›Betonköpfe‹ der Nation. Aber es betraf auch kritische Stimmen in den Fraktionen von SPD und Grünen. Wir stießen mit unseren Fragen und Argumenten an eine undurchdringliche Decke. Es herrschte eine Selbstgewissheit und Selbstimmunisierung, die keine Chance ließ, irgendwie durchzudringen.

Bei den Grünen hatte das eine etwas andere Färbung als bei der SPD. Sie betonten stärker die angebliche Generationengerechtigkeit. Die SPD war inhaltlich und aufgrund der handelnden Personen näher an den Gegenargumenten der angeblichen Betonköpfe dran. Deshalb war die Atmosphäre dort kratzbürstiger. Aber das Ergebnis war dasselbe: Beide Parteien setzten auf die Kapitalmärkte und betrieben eine Politik, die die gesetzliche Rente schwächte.«

So beschloss Rot-Grün in den frühen 2000er Jahren umfassende Rentenreformen. Zuerst verschlechterte man die Leistungen der Erwerbsminderungsrente – was private, kapitalmarktorientierte Berufsunfähigkeits-Versicherungen attraktiver machte. 2001 führte man die Riester-Rente ein, ein staatlich gefördertes, privates, ebenfalls kapitalmarktorientiertes Modell zur Altersvorsorge. Auch dies verband man mit schlechteren Leistungen der gesetzlichen Rente: Die Renten entwickelten sich fortan schlechter als die Löhne. Die Sicherung des Lebensstandards im Alter war spätestens damit passé.

Dass später eine Große Koalition aus CDU/CSU und SPD noch die Regelaltersgrenze auf 67 Jahre anhob, war das Sahnehäubchen auf der versalzenen Torte. Da viele Beschäftigte so lange gar nicht arbeiten können, waren damit faktisch die Renten erneut gekürzt. Das machte private Vorsorge noch attraktiver. 2021 schließlich beschloss die Ampel-Regierung aus SPD, Grünen und FDP eine kapitalmarktbasierte Komponente innerhalb der gesetzlichen Rentenversicherung. Es waren mehrere Rollen rückwärts: mehr Bismarck, weniger Adenauer.

Dank Gerhard Mackenroth war man früher weiter. Der Ökonom und Soziologe galt als Vordenker der Sozialpolitik in der frühen Bundesrepublik. 1952 legte er in einem Vortrag ausgerechnet vor dem heute strikt marktgläubigen Verein für Socialpolitik die Grundlage für Adenauers Rentenreform. Er behauptete: Soziale Sicherung kann in hochkomplexen Industriegesellschaften immer nur durch Teilhabe an den Erträgen des Wirtschaftsprozesses organisiert werden. Entsprechend müssen die Altersrenten einer Gesellschaft immer aus den Einkommen finanziert werden, die eine Gesellschaft laufend erwirtschaftet. Und zwar unabhängig davon, ob ein Rentensystem kapitalgedeckt oder umlagefinanziert ist.[17]

Mackenroths Aussage liegt eine im Grunde banale Feststellung zugrunde: Eine Gesellschaft kann immer nur konsumieren, was sie auch produziert. Man kann nichts essen, nichts anziehen, nichts verwenden, was es nicht gibt. Wer also 2050 als Rentnerin oder Rentner etwas essen, anziehen oder verwenden möchte, kann dies nur, wenn andere in jenem Jahr dieses Etwas produzieren.

Für das eigene Alter Geld zurückzulegen, macht für die Gesellschaft als Ganzes nur Sinn, wenn durch dieses Sparen die volkswirtschaftliche Produktion größer wird, als sie ohne es wäre. Und eben das ist eher unwahrscheinlich. Denn wenn heute mehr gespart wird, machen Unternehmen weniger Umsatz und weniger Profite – sie werden darauf mit weniger Investitionen reagieren. Das aber führt nicht zu mehr, sondern zu weniger Produktionsmöglichkeiten in der Zukunft. Das immer wieder zu hörende Argument, das für das Alter angesparte Geld könne für eben solche Investitionen genutzt werden, ist daher falsch.[18] Unzutreffend ist es noch aus einem zweiten Grund: Für Investitionen braucht es in den heutigen modernen Volkswirtschaften keine Ersparnisse. Denn Banken können für Kredite, die sie etwa an Unternehmen ausgeben, das Geld einfach selbst schöpfen – Ersparnisse benötigen Sie dafür schlicht nicht.[19]

Kapitalmärkte sind zudem hochgradig unsicher. Dies gilt umso mehr, als Altersrücklagen über Jahrzehnte angelegt und gesichert werden müssen. Über derart lange Zeiträume von Wirtschaftskrisen, Kriegen, Währungskrisen und Inflation verschont zu bleiben – das ist eher unwahrscheinlich. Die Geschichte der deutschen Rentenversicherung vor Adenauer spricht da eine klare Sprache. Und wenn Altersrücklagen doch über derart lange Zeiträume erhalten bleiben, ist damit noch lange nicht jene Rendite erzielt, die das Umlageverfahren erzielen kann: Letzteres ermöglicht, die Renten regelmäßig an die Entwicklung der Löhne anzupassen. Damit bleiben Rentnerinnen und Rentner am wachsenden allgemeinen Wohlstand beteiligt. An den Kapitalmärkten müssen solch hohen Renditen durch entsprechend riskante Anlagen erst erwirtschaftet werden.

Bei abhängig Beschäftigten ist zusätzlich zu berücksichtigen, dass bei der gesetzlichen Rente die Arbeitgeber die Hälfte der Beiträge finanzieren. Bei den meisten kapitalgedeckten Rentenmodellen ist es anders, insbesondere bei den privaten. Wollen Versicherte genauso gut dastehen wie durch die gesetzliche Rente, ohne dass sich die Arbeitgeber beteiligen, müssten die Kapitalmärkte deren Einzahlungen daher bis zur späteren Auszahlung mehr als verdoppeln. Was völlig illusorisch ist.

Bei genauerem Blick bleibt also von den angeblichen Vorteilen der über Kapitalmärkte finanzierten Alterseinkünfte nichts übrig. Es überrascht daher nicht, dass die gesetzliche Rente hoch angesehen ist, wie der Gewerkschafter Rolf Dieter Homeyer berichtet: »Sie hat bei den Versicherten ein gutes Image. Das dürfte daran liegen, dass die kapitalgedeckten Säulen der Alterssicherung – private Vorsorge und Betriebsrenten – den Lebensstandard erst recht nicht sichern.«

Endnoten

1 Bäcker, G. / Naegele, G. et al. (2008) »Sozialpolitik und soziale Lage in Deutschland«, Band 1, 4. Auflage, Wiesbaden: Springer VS.

2 Ebd.

3 Deutsche Rentenversicherung (2023) »Rente 2022«, Würzburg. Angegeben ist der Rentenzahlbetrag für Altersrenten.

4 Ebd.

5 OECD (2021) »Pensions at a glance«, Paris: OECD Publishing. Die Zahlen sind für die jeweiligen Nettobeiträge berechnet.

6 Hubbard, W. (1983) »Familiengeschichte. Materialien zur deutschen Familie seit dem Ende des 18. Jahrhunderts«, München: Beck.

7 Reif, H. (1982) »Soziale Lage und Erfahrungen des alternden Fabrikarbeiters in der Schwerindustrie des westlichen Ruhrgebiets während der Hochindustrialisierung«, in: *Archiv für Sozialgeschichte* 22, S. 1–94.

8 Kondratowitz, H. (1990) »Das Alter – eine Last. Die Geschichte einer Ausgrenzung, dargestellt an der institutionellen Versorgung des Alters 1880–1933«, in: *Archiv für Sozialgeschichte* 30, S. 105–144.
Schmidt, M. (2005) »Sozialpolitik in Deutschland. Historische Entwicklung und internationaler Vergleich«, 3. Auflage, Wiesbaden: VS Verlag für Sozialwissenschaften.

9 Abelshauser, W. (1996) »Erhard oder Bismarck? Die Richtungsentscheidung der deutschen Sozialpolitik am Beispiel der Reform der Sozialversicherung in den Fünfziger Jahren«, in: *Geschichte und Gesellschaft* 22/3, S. 376–392.
Herrmann, U. (2019) »Deutschland, ein Wirtschaftsmärchen. Warum es kein Wunder ist, dass wir reich geworden sind«, Frankfurt/M.: Westend.
Schmähl, W. (2007) »Die Einführung der ›dynamischen Rente‹ 1957: Gründe, Ziele und Maßnahmen. Versuch einer Bilanz«, in: *ZeS-Arbeitspapier* 3.

10 Statistische Ämter des Bundes und der Länder (2023) »Armutsgefährdungsquote nach soziodemografischen Merkmalen in % gemessen am Bundesmedian«, https://www.statistikportal.de/sites/default/files/2023-05/A2%20Armutsgef%C3%A4hrdungsquoten%20Bundesl%C3%A4nder%20nach%20soziodemografischen%20Merkmalen%20ab%202020%20%28Bundesmedian%29.xlsx (Abruf 24. August 2023).

11 Steingart, G. (2004) »Der deutsche Irrweg«, *Der Spiegel,* 14. März 2004.

12 Ausgabe vom 04. Januar 2004.

13 Eicker-Wolf, K. / Schreiner, P. (2017) »Mit Tempo in die Privatisierung. Autobahnen, Schulen, Rente – und was noch?«, Köln: PapyRossa.

14 Riester, W. (2004) »Mut zur Wirklichkeit«, Düsseldorf: Droste.

15 Wehlau, D. (2009) »Lobbyismus und Rentenreform. Der Einfluss der Finanzdienstleistungsbranche auf die Teil-Privatisierung der Alterssicherung«, Wiesbaden: VS Verlag für Sozialwissenschaften.

16 Eicker-Wolf, K. / Schreiner, P. (2017) »Mit Tempo in die Privatisierung. Autobahnen, Schulen, Rente – und was noch?«, Köln: PapyRossa.

17 Mackenroth, G. (1952) »Die Reform der Sozialpolitik durch einen deutschen Sozialplan«, in: *Schriften des Vereins für Socialpolitik NF*, Band 4, Berlin: Duncker & Humblot.

18 Blank, F. / Logeay, C. (2023) »Ist Kapitaldeckung in der gesetzlichen Rentenversicherung angesichts des demografischen Wandels notwendig und sinnvoll?«, in: *Soziale Sicherheit* 5, S. 185–189.

19 Eicker-Wolf, K. / Schreiner, P. (2023) »Wirtschaftsmärchen. Hundertundeine Legende über Ökonomie, Arbeit und Soziales«, Köln: PapyRossa.

V – »Könnt ihr nicht noch ein paar Hüften machen?«

Krankenhaus

Stefanie Klein hilft Kindern, zur Welt zu kommen. Sie ist Hebamme, lebt im Ruhrgebiet und heißt eigentlich anders.[1] Nachdem sie 1985 ihre Ausbildung als Kinderkrankenschwester abgeschlossen hat, arbeitete sie lange in diesem Beruf. Mit immer weniger Freude allerdings.

»Es war mehr und mehr Schreibkram zu erledigen«, sagt Klein, »die eigentliche Arbeit mit Menschen trat zunehmend in den Hintergrund.« Über ihre damalige Arbeitsstelle, eine Station für Neugeborene, sei sie in den Kreißsaal gekommen. Angesprochen habe sie vor allem die Vielschichtigkeit des Berufs der Hebamme, und auch die Freiberuflichkeit, die Arbeit in der Vor- und Nachsorge, die Kurse. »Schön ist, dass man eine Familie über eine längere Zeit begleitet«, so Klein, »oft entbindet man ja nicht nur ein Kind in einer Familie, sondern noch weitere. Ich habe heute noch Kontakt zu Familien, in denen ich vor langer Zeit Kinder entbunden habe. Es gibt natürlich Dinge, die nicht schön sind. Ich denke da an Totgeburten, an schwere Geburtsverläufe. So etwas hängt dann nach, so etwas kann man nicht verdrängen.« Eine Supervision unter den Kolleginnen sei wichtig, um das aufzuarbeiten. Aber unterm Strich überwiege der schöne Teil der Tätigkeit als Hebamme.

Ihre Hebammenausbildung hat Klein ab dem Jahr 2000 absolviert. Im Anschluss war sie neunzehn Jahre lang in einem Krankenhaus als Hebamme angestellt: »Allerdings nie in Vollzeit, sondern maximal mit einer Dreiviertelstelle«, sagt Klein. »Nebenbei war ich freiberuflich tätig. Das geht ja als Hebamme. Ende 2020 habe ich mich dann entschieden, nur noch freiberuflich tätig zu sein.« Zu dem Zeitpunkt sei sie am Rande eines Burnouts gewesen, eine Belastung für ihre ganze Familie. »Ich war krank, hatte eine ganz übel entzündete Magenschleimhaut,« fügt sie hinzu. Da habe sie die Reißleine gezogen und das Angestelltenverhältnis verlassen. Jetzt bietet sie Geburtshilfe als selbständige Beleghebamme über ein Krankenhaus an. Den Kolleginnen und ihr werden die Räumlichkeiten zur Verfügung gestellt, aber die Abrechnungen mit der Krankenkasse machen sie selbst. »Wir erarbeiten den monatlichen Dienstplan gemeinsam«, sagt Klein, »außerdem habe ich mit Kolleginnen eine Praxis gegründet, in der wir Kurse anbieten. Darüber hinaus mache ich Hausbesuche und Schwangerschaftsbegleitung.«

Hebammen kümmern sich um schwangere Frauen vor, während und nach der Geburt. Im Krankenhaus steht die Geburtshilfe im Mittelpunkt. Eine Hebamme begleitet den Geburtsvorgang und zieht in Notfällen einen Arzt oder eine Ärztin hinzu. Es ist gesetzlich geregelt, dass bei jeder Geburt eine Hebamme dabei sein muss – dies gilt selbst für Kaiserschnitte. Hebammen dürfen Geburten alleine durchführen, für ärztliches Personal gilt dies nur in Notfällen.

In Deutschland kommen aktuell fast alle Kinder in Kliniken zur Welt. Weniger als zwei Prozent werden zu Hause oder in Geburtshäusern entbunden. Das war Anfang der 1930er Jahre noch anders: Damals erblickten mehr als vier von fünf Kindern das Licht der Welt im Zuhause der Familie. Nach dem Zweiten Weltkrieg stieg die Zahl der Geburten im Krankenhaus. Seit 1968 werden die Kosten von den Krankenkassen übernommen, sodass Hausgeburten schon in den 1970er Jahren eine Ausnahme darstellten.[2]

In Deutschland gibt es rund 27.000 Hebammen.[3] Zu wenige, um den Bedarf zu decken.

Vom Kapitalismus hielt sie einst nicht viel. Ulla Schmidt startete ihren politischen Werdegang ganz links beim Kommunistischen Bund Westdeutschland. Ihr Weg führte sie weiter nach rechts in den Seeheimer Kreis der SPD und in den Verwaltungsrat eines Schweizer Pharmaunternehmens. Mit diesem lukrativen Posten in der freien Wirtschaft nutzte sie ihre Kontakte und Erfahrungen. Die sind beträchtlich: Von 2001 bis 2009 war Schmidt Bundesministerin für Gesundheit – niemand sonst hatte dieses Amt so lange inne.

Es war ausgerechnet die einstige Kapitalismusgegnerin Schmidt, die dem Kapitalismus im Gesundheitswesen die Zügel lockerte. Während ihrer Zeit als Ministerin änderte sie radikal das Verfahren, durch das Krankenhäuser ihren Betrieb finanzieren. Die Kliniken erhalten seit 2004 pauschale Zahlungen, deren Höhen durch die Diagnosen bestimmt sind. Die Zahlung ist also unabhängig von den tatsächlichen Kosten des Einzelfalls. Solche Fallpauschalen gibt es schon seit Mitte der 1980er Jahre, allerdings zunächst in viel kleinerem Umfang.

Schmidt und ihr enger Berater Karl Lauterbach, ebenfalls SPD, hofften auf eine Senkung der Kosten und mehr Wettbewerb zwischen den Krankenhäusern. Denn wer teurer operiert und pflegt als in der Fallpauschale vorgesehen, hat das Nachsehen. Wer seine Kosten hingegen unter die Fallpauschale drückt, verdient Geld.

Überhaupt wurde es dank Fallpauschalen erst möglich, nennenswert Geld mit Krankenhäusern zu verdienen. Dies führte schon ab den späten 1980er Jahren zu einer Privatisierungswelle, die sich bis heute fortsetzt.[4]

Wettbewerb in medizinischen und öffentlichen Einrichtungen, damit kennt Jens Weiß sich aus. Der gebürtige Badener weiß, wie Wettbewerb Verwaltungen verändert. Schließlich hat der heutige Professor für Verwaltungswissenschaften an der Hochschule Harz solche Prozesse jahrelang selbst begleitet – als Berater und Partner in Unternehmensberatungen. Seine Tätigkeit führte ihn Ende der 2000er Jahre in Krankenhäuser: »Unterstützung von Organisations- und Prozessveränderungen, das war der Kern meiner Aufgabe. Die Einführung der Fallpauschalen war zu der Zeit in vielen Krankenhäuser der Anlass für solche Projekte. Mit der Einführung der Fallpauschalen selbst hatte ich wenig zu tun«, sagt Weiß, »dazu wurden Controller eingestellt oder Beschäftigte auf entsprechende Seminare geschickt. Aber die Einführung hatte dann eben oft große Auswirkungen auf Struktur und Kultur der Organisationen.«

Aufgabe des Controllings ist es, ein Unternehmen betriebswirtschaftlich zu planen, zu steuern und zu kontrollieren. Nach Einführung der Fallpauschalen in Krankenhäusern haben die Controllerinnen und Controller, so Jens Weiß, zunächst Kennzahlensysteme eingeführt, betriebswirtschaftliche Daten erhoben und ausgewertet. Diese zeigten, wo in dem betreffenden Krankenhaus wirtschaftlich gearbeitet wurde, wo die Kosten also unter der Fallpauschale lagen. Und sie zeigten, wo unwirtschaftlich gearbeitet wurde.

Weiß: »Die Controller brachten neue Routinen des Managements in die Krankenhausarbeit. Sie sind mit den Kennzahlen zu den Führungskräften gegangen und haben sie ihnen erklärt. In Leitungskreisen, in denen die Chefärztinnen und Chefärzte mit der Geschäftsführung zusammensitzen, wurden diese Kennziffern aus allen Bereichen diskutiert.« Man habe schnell gesehen, wer defizitär arbeitet und wer Überschüsse bringt. In manchen Krankenhäusern seien Routinen entstanden, wie Weiß sie vorher nur aus sehr wettbewerblichen Vertriebsorganisationen gekannt habe: »Da entstanden neue Hierarchisierungen, wer am wirtschaftlichsten arbeitet. Und es entstanden neue Konflikte zwischen jenen Ärztinnen und Ärzten, die das Thema Wirtschaftlichkeit sofort für sich genutzt haben, um sich zu profilieren, und denen, die das abgelehnt haben. Wobei es am Anfang oft Zufall war, wer gut dastand und wer nicht.«

Auch für die Geschäftsführungen sei eine neue Situation entstanden. Natürlich hätten diese jene Bereiche vorgezogen, die wirtschaftlich arbeiteten. Aber es sei teilweise überhaupt nicht klar gewesen, welche Steuerungsentscheidungen getroffen werden sollten. Weiß fügt hinzu: »Zur Belohnung noch mehr Ressourcen in den wirtschaftlicheren Bereich? Oder aber die unwirtschaftlichen Bereiche bestrafen? Aber wie?« Da seien auch mal Sätze gefallen wie: »Schaut doch mal, ob ihr nicht noch ein paar Hüften machen könnt.« Gerade bei Chefärztinnen und Chefärzten seien neue Belohnungssysteme entstanden mit Sonderleistungen für diejenigen, die gut managen. Weiß sagt: »Die Controller, für die sich die ärztliche Seite früher nicht sonderlich interessiert hatte, haben für die leitenden Ärztinnen und Ärzte eine neue, wichtige Rolle bekommen.«

Betriebswirtschaftlich sinnvolles Handeln trat als legitimes Ziel neben medizinisch sinnvolles Behandeln. Laut Weiß hatte es eine enorme Wirkung, dass die Kennzahlen erhoben und für die Führungskräfte transparent gemacht wurden: »Wenn alle sehen, dass die Klinik bei der einen Behandlung Geld verliert und bei der anderen gewinnt, dann entwickelt sich ein großer Wirtschaftlichkeitsdruck. Das führt dann eben dazu, dass sich der Chefarzt einer Abteilung denkt: ›Ok, so funktioniert das hier. Wenn ich wirtschaftlich gut dastehe, dann bekomme ich, was ich brauche und kann in Ruhe arbeiten – und wenn nicht, dann habe ich Ärger und muss mich rechtfertigen.‹«

»Ich habe erlebt, dass Kreißsäle tageweise geschlossen werden mussten, weil kein Personal da war«, sagt die Hebamme Stefanie Klein, »und ich habe erlebt, dass eine Frau mit Krankenwagen in meine Klinik gebracht wurde, weil sie in einer anderen Klinik abgewiesen worden ist.«

Das ist keine Seltenheit. In einer Umfrage im Auftrag der Bundesregierung gab ein Drittel der Kliniken an, dass sie 2018 mindestens einmal Schwangere mit Wehen aufgrund fehlenden Personals oder nicht verfügbarer Räumlichkeiten abgewiesen haben.[5] Schlagzeilen machte der Fall der damals 34 Jahre alten Julia Kerner. Die hochschwangere Frau wurde 2017 von einer Ärztin ihrer Berliner Wunschklinik weggeschickt – trotz geplatzter Fruchtblase und einem bereits einige Zentimeter geöffnetem Muttermund. Alle Kreißsäle waren belegt. Ihr Freund schaffte es noch, Kerner zum nächstgelegenen, zwölf Kilometer entfernten Krankenhaus zu bringen. Den Kreißsaal erreichten die werdenden Eltern allerdings nicht mehr. Das Kind kam auf dem Parkplatz zur Welt. Am Ende ging es für die junge Familie glimpflich aus. Eine nach Dienstschluss zufällig vorbeikommende Hebamme kümmerte sich um Mutter und Kind. Die Mutter wurde umgehend im Krankenhaus versorgt.[6]

Stefanie Klein: »Ich hatte an meinem ersten Tag Dienst mit zwei erfahrenen Kolleginnen. Da war ein geplanter Kaiserschnitt, und insgesamt hatten wir sechs Frauen zu betreuen. Eine Kollegin war bei der Kaiserschnitt-Geburt. Die andere betreute eine Frau mit Wehen. Da hat sich dann gezeigt, dass es dem Kind nicht gut geht. Es musste möglichst schnell aus dem Bauch der Mutter geholt werden. Die Hebamme ist daher mit fliegenden Fahnen im Operationssaal verschwunden.

Als Neuling war ich plötzlich alleine – und hatte drei belegte Kreißsäle. Und zusätzlich lag noch eine Frau mit CTG in einem Zusatzraum, der anders als die Kreißsäle nicht von überall einsehbar war. Mit einem CTG werden die Wehen der Mutter und die Herztöne des Kindes gemessen. Ich bin von einem Raum zum nächsten gesprungen, und als ich dann wieder in den Zusatzraum kam, waren die Herztöne des Kindes schlecht. Natürlich habe ich Panik bekommen: Die OPs belegt, ich war in der Einarbeitungsphase und kannte mich noch nicht wirklich gut aus. Wir haben diese Frau dann operiert, es ist zum Glück alles gut gegangen.

Aber wir sind permanent zwischen den Operationssälen und den Kreißsälen hin- und hergerannt. Das war eine schreckliche Situation. Du hast Angst, dass ein Kind sein Leben verliert, weil Du wegen Personalmangels keine angemessene Geburtshilfe leisten kannst.«

Als Beleghebamme unterliegt Klein nun anderen, günstigeren Regelungen. So ist beispielsweise die Zahl der entbindenden Frauen begrenzt, die sie gleichzeitig betreut. Sie darf bis zu zwei Frauen gleichzeitig abrechnen. Sollte es mehr Geburten geben, gibt es eine Rufbereitschaft. Sie kann also Verstärkung anfordern. »Wenn ich aber als angestellte Hebamme sieben Frauen betreue, dann interessiert das niemanden«, sagt Klein. »Die Hebammen werden verheizt. Das Krankenhaus will mit wenig Personal und geringen Kosten möglichst viel Geld verdienen.«

Sie berichtet von einem Gespräch mit einer angestellten Kollegin. »Eine Hebamme war krankheitsbedingt ausgefallen, meine Kollegin hatte dann die Schicht alleine – in einer Nacht acht Geburten«, erzählt Klein. »Da geht man morgens nach Hause und macht drei Kreuze, wenn niemand Schaden genommen hat oder gar gestorben ist.« Die Hebamme versteht nicht, warum ihre angestellten Kolleginnen so verheizt werden: »Das Arbeiten ist in den Kliniken zum Teil so stressig, dass viele ausgestiegen sind.«

Klein kann sich als Beleghebamme nun voll auf die Geburtshilfe konzentrieren. Während ihrer Zeit als angestellte Hebamme musste sie putzen, auffüllen, Wäsche bestellen. Als Beleghebamme hat sie nun so gut wie nichts damit zu tun, die Kreißsäle wieder aufzubereiten. Ein Reinigungsdienst steht zur Verfügung, auch mitten in der Nacht. »Um nicht falsch verstanden zu werden: Ich bin mir nicht zu fein, um auch mal den Putzlappen zu schwingen«, sagt sie, »aber das ist nicht meine Aufgabe. Ich bin dafür da, die Frauen bei der Geburt zu betreuen.«

Falsche Anreize durch Fallpauschalen sind auch für Mark Müller Berufsalltag. Der Marburger Medizinstudent war viele Jahre als Krankenpfleger für Intensivpflege und Anästhesie tätig. Im aktuellen System sei jede Klinik daran interessiert, viel Geld mit Operationen zu verdienen. »Der Operationssaal muss immer laufen«, sagt Müller, »daran hängen dann die Intensivpatienten, die überdurchschnittlich hohe Einnahmen bringen.«

Das bedeute gleichwohl nicht, dass medizinische Gesichtspunkte keine Rolle spielen, betont Jens Weiß. Die hätten nach wie vor Vorrang, gerade für die Ärztinnen und Ärzte. Aber es gebe bei medizinischen Entscheidungen eben Graubereiche: »Bestimmte Sachen kann man operieren, man muss es aber nicht unbedingt machen,« fügt der ehemalige Unternehmensberater hinzu, »wenn es sich für bessere Kennzahlen lohnt, dann mache ich das oder empfehle das dem Patienten oder der Patientin.« Und sonst eben nicht.

Das System der Fallpauschalen setzt Anreize, möglichst viele Behandlungen zu erbringen, bei denen das Krankenhaus profitabel wirtschaftet. Das führt am Ende eher zu höheren Kosten im Gesundheitssystem – und nicht zu niedrigeren, wie manche zunächst gehofft hatten. Zugleich setzt es Anreize, die möglichst vielen Patientinnen und Patienten schnell wieder zu entlassen. Schließlich kostet jeder Tag in stationärer Nachbehandlung Geld. Bleibt ein Patient oder eine Patientin länger, als es für die jeweilige Erkrankung oder Verletzung üblich ist, so wird aus einem finanziellen Plus für das Krankenhaus rasch ein Minus. Der Aufenthalt im Krankenhaus soll also möglichst kurz ausfallen.[7]

Davon kann der Krankenpfleger Müller ein Lied singen. Mehrfach hat er sogenannte blutige Entlassungen erlebt. Ihm ist beispielsweise der Fall einer jungen Frau in Erinnerung, der im Bauch ein großer, bösartiger Tumor entfernt wurde. Sie bekam einen künstlichen Darmausgang gelegt, ihr wurden Teile der Leber entfernt und ihr Bauchfell wurde operiert. Schon nach einer Nacht auf der Intensivstation wurde sie auf die Normalstation verlegt. Fünf Tage nach der Operation hat man sie entlassen. »So eine Patientin ist zu Hause vollkommen überfordert«, sagt Müller. »Sie hat einen riesengroßen Eingriff hinter sich, sie ist schwach auf den Beinen und kann nicht richtig essen. Dazu der neue, künstliche Darmausgang.« Wenn kein unterstützendes Umfeld vorhanden sei, das sie auffange und unterstützte, habe so jemand ein großes Problem.

Gerade Ärmeren und Älteren fehlt oft ein solches Umfeld. Frühe Entlassungen treffen diese Patientinnen und Patienten daher besonders hart – und zwar auch dann, wenn sie nicht »blutig« im Wortsinne nach Hause kommen.

Ungefähr zwei Drittel der Kosten in Krankenhäusern sind Personalkosten. Entsprechend groß ist der Anreiz, hier zu sparen. Das System der Fallpauschalen belohnt es, wenn die Beschäftigten schlechter bezahlt werden. Es belohnt das Auslagern bestimmter Bereiche wie der Reinigung oder der Küche an billige Fremdfirmen. Wenig überraschend ist dies seit vielen Jahren gängige Praxis. Und das System der Fallpauschalen belohnt das Arbeiten mit weniger Personal.[8] Letzteres geht nicht nur zu Lasten der Pflegekräfte, Hebammen und anderen Beschäftigten der Krankenhäuser. Es geht auch zu Lasten der Qualität und damit zu Lasten der Patientinnen und Patienten.

Die Gewerkschaft ver.di hat 2015 Zahlen zur Besetzung von Pflegestationen erhoben. Das Ergebnis: Auf Normalstationen arbeiteten fast zwei Drittel der Pflegekräfte nachts alleine und betreuten dabei durchschnittlich 26 Patientinnen und Patienten.[9] Eine Untersuchung der Hans-Böckler-Stiftung hat 2022 ergeben, dass etwa drei von vier Intensivbetten nicht belegt werden könnten, würde man der Empfehlung der Deutschen Interdisziplinären Vereinigung für Intensiv- und Notfallmedizin folgen. Die sieht vor, dass eine Intensiv-Pflegekraft maximal zwei Patientinnen oder Patienten betreuen sollte.[10]

Und das Sparen am Personal erhöht den Druck zum Sparen sogar noch weiter. Das liegt am sogenannten Kellertreppen-Effekt: Die Höhe der Fallpauschalen richtet sich – vereinfacht gesagt – nach den durchschnittlichen Kosten in den Krankenhäusern. Niedrigere Personalkosten führen daher zu niedrigeren Fallpauschalen – mit entsprechend steigendem Druck, Personalausgaben noch weiter zu senken. Ein Teufelskreis.

Angesichts des Personalmangels auf den Pflegestationen sah sich die damalige schwarz-rote Bundesregierung 2018 zum Handeln gezwungen. Sie hat die Personalkosten für die Pflege aus den Fallpauschalen herausgenommen. Seit 2020 werden sie über ein separates Budget finanziert. Dies veränderte die Anreize, die von Fallpauschalen ausgehen – aber nicht nur zum Guten: In den Krankenhäusern werden nun Arbeiten durch Pflegekräfte erbracht, die zuvor ungelernte Kräfte erledigt haben. Hol- und Bringdienste sowie Reinigungsarbeiten können als Pflege deklariert und mit der Kasse abgerechnet werden. In einem Land, das über Mangel an Pflegekräfte klagt, schwingt dieses Personal nun den Putzlappen.

Nicht gekürzt wird bei den sogenannten Kodierfachkräften – ein Berufsbild, das sich angesichts der Komplexität von 15.000 möglichen Krankheiten in 1.200 abrechenbaren Fallpauschalen bei sechs Schweregraden herausgebildet hat. In Krankenhäusern sollen sie Leistungen so »kodieren«, dass bei der Abrechnung mit den Krankenkassen möglichst viel Geld fließt. Kodierfachkräfte bei den Kassen und beim Medizinischen Dienst wiederum sollen Tricks und Abrechnungsfehler der Kliniken aufspüren, um möglichst viel Geld einzusparen. In diesem profitgetriebenen Gegeneinander rüsten beide Seiten massiv auf.[11]

Trotz der offensichtlichen Fehlsteuerung sieht der ehemalige Unternehmensberater Weiß die Fallpauschalen nicht nur negativ. Das System habe auch Verbesserungen gebracht. »In einem der Krankenhäuser beispielsweise, in dem ich eingesetzt war, hing die Behandlung in der Notaufnahme bei extremen Bauchschmerzen immer davon ab, welches Personal gerade Dienst hatte«, erzählt er. »So wurden Geld und Ressourcen verschleudert, weil entweder der Internist oder der Chirurg zu spät auf die Patientin oder den Patienten geschaut hat. Das verschlechtert natürlich die

Patientenversorgung.« Der Druck, die Verfahren in der Notaufnahme zu hinterfragen, sei durch die Fallpauschalen gekommen. Und selbst der betriebswirtschaftliche Blick der Controllerinnen und Controller könne medizinisch positiv interpretiert werden, wenn es um die Häufigkeit von Operationen geht. »Werden Eingriffe in einem Krankenhaus nur selten durchgeführt, dann rechnen sie sich meist nicht«, sagt Weiß, »aber selten durchgeführte Eingriffe in einer Einrichtung sind auch für Patientinnen und Patienten nicht gut – denn dann fehlt dem medizinischen Personal die Erfahrung.«

Im Bereich der öffentlichen Infrastruktur besteht in Deutschland ein erheblicher Investitionsstau. Seit vielen Jahren bleiben die staatlichen Ausgaben für langlebige öffentliche Anlagen – etwa Gebäude, Verkehrswege, Fahrzeuge, Geräte – hinter dem Bedarf zurück.

Krankenhäuser bilden hier keine Ausnahme. Deren Finanzierung beruht auf zwei Säulen: Die Krankenkassen tragen die Kosten für den laufenden Betrieb und damit die Behandlung der Patientinnen und Patienten. Für die Investitionen sind die Bundesländer zuständig. Die aber versagen kolossal. Nach Angaben der Deutschen Krankenhausgesellschaft sind in den vergangenen zehn Jahren erforderliche Investitionen in Höhe von mindestens 30 Milliarden Euro nicht getätigt worden. Zwischen 1991 und 2020 sind die jährlichen Mittel der Bundesländer für Krankenhäuser sogar um 10 Prozent zurückgegangen – trotz wachsender Bedarfe und steigender Preise.[12] 2020 hat der Bundesrechnungshof festgestellt: Die Länder kommen ihrer Pflicht seit langem nicht ausreichend nach. Jährlich fehlten etwa 4 Milliarden Euro an eigentlich notwendigen Investitionsmitteln. Eine einheitliche Versorgung werde so nicht sichergestellt.[13]

Hinzu kommt, dass sich die Gelder der Bundesländer – ähnlich der Fallpauschalen – seit Jahren immer weniger am Bedarf und immer mehr an Kennzahlen der Wirtschaftlichkeit orientieren. Damit verliert die medizinische Prüfung der Investitionen an Bedeutung; überörtliche Planung findet nicht statt. Geld fließt nicht dorthin, wo es gebraucht wird, sondern zu den ohnehin schon finanziell gut aufgestellten Kliniken.

Um trotz unzureichender öffentlicher Investitionsmittel investieren zu können, wenden die Krankenhäuser eigene Gelder auf. Diese erwirtschaften sie im Wesentlichen durch Einsparungen an anderer Stelle, insbesondere durch weniger und schlechter bezahltes Personal. Die verheerende Personalsituation in den Krankenhäusern liegt daher auch daran, dass die Bundesländer ihren Zahlungspflichten nicht nachkommen.

Kein Mangel an Investitionen besteht hingegen in den meisten Kreißsälen. Sie sind in der Regel ansprechend eingerichtet, viele Kliniken werben mit Bildern auf ihrer Homepage. Kreißsäle sind wie eine Visitenkarte für ein Krankenhaus. »Wer mit der Geburtshilfe zufrieden ist, kommt mit der Oma wieder, wenn die einen Oberschenkelhalsbruch hat«, sagt die Hebamme Stefanie Klein. »Gespart wird beim Personal.«

Die Corona-Pandemie hat die Überlastung der Beschäftigten in den Krankenhäusern noch gesteigert. Das sagen nicht nur

Wissenschaftler,[14] sondern auch Mark Müller. Neben seinem Medizinstudium arbeitete er weiter als Pflegekraft. »Mit Corona sind wir an unsere Grenze gekommen«, führt Müller aus, »allerdings nicht in erster Linie, weil wir mehr Patientinnen und Patienten zu betreuen hatten, sondern aufgrund der komplexeren Versorgung. Allein schon das dauernde An- und Ausziehen der Schutzkleidung war eine Belastung.«

Zu wenig Personal kostet Leben. Nicht nur, aber gerade in einer Pandemie. Müller berichtet von einer Begebenheit, die er in deutschen Krankenhäusern keineswegs für einen Einzelfall hält: Alle auf der Station hätten Patientinnen und Patienten versorgt, der Pflegestützpunkt mit den Überwachungsmonitoren sei daher nicht besetzt gewesen. Dann habe sich plötzlich ein beatmeter Patient in einem Zimmer die Sauerstoffmaske vom Gesicht gezogen. Es sei gerade keine Pflegekraft dort gewesen. »Wir haben es nicht geschafft, rechtzeitig beim Patienten zu sein«, sagt Müller, »er ist gestorben.« Todesfälle wie dieser sind nicht einfach zu verkraften. Umso gravierender wirkt es sich aus, wenn sie sich häufen. »Du hast bis zur Erschöpfung gearbeitet, und es sind trotzdem fünf Menschen in der Woche gestorben«, fügt er hinzu. »Ich glaube, dass während der Corona-Pandemie viele aus diesem Beruf ausgestiegen sind, weil sie das so nicht mehr aushielten.«

Tatsächlich sorgten im Herbst 2021 Berichte über Rückgänge beim Personal in der Intensivpflege für Unruhe. Eine Blitzumfrage des Deutschen Krankenhausinstituts ergab: Aufgrund von Kündigungen, internen Stellenwechseln oder Arbeitszeitreduzierungen war die Zahl der Intensivpflegerinnen und pfleger gegenüber dem Vorjahr gesunken. Fast 40 Prozent aller Kliniken verzeichneten einen Rückgang von mindestens 5 Prozent. Mehr als die Hälfte aller Kliniken konnte zu diesem Zeitpunkt aufgrund von Personalmangel im pflegerischen oder ärztlichen Bereich nicht alle vorhandenen Intensivbetten betreiben.[15]

Die Pandemie verschärfte Personalengpässe, die insbesondere in der Pflege allerdings schon vorher bestanden. Für Aufsehen sorgte im Oktober 2021 die Universitätsklinik Gießen und Marburg, die einzige privatisierte Uniklinik Deutschlands. Am Standort Marburg kündigten auf einen Schlag 15 von 16 Pflegerinnen und Pfleger der Gefäßchirurgie. Ihre Beschwerden über unterirdische Arbeitsbedingungen und Überlastungen wurden seitens des Arbeitgebers schlicht nicht ernst genommen. Freuen konnte sich das Evangelische Krankenhaus Gießen: Als sich die Stationsleiterin der Marburger Gefäßchirurgie dazu entschloss, dorthin zu wechseln, taten es ihr 13 Kolleginnen und Kollegen gleich. Gießen bekam ein eingespieltes Team.[16]

Der Personalmangel und die damit einhergehende Überlastung in der Pflege sind nicht neu. Etwa 80 Prozent aller Krankenhäuser haben Probleme, Pflegekräfte für ihre Allgemeinstationen und für die Intensivpflege zu finden.[17] Dies ist umso gravierender, als Deutschland bei der Versorgung mit pflegerischem Personal ohnehin hinter anderen Ländern zurückliegt. So stehen in Dänemark, Norwegen und Island weit mehr als doppelt so viele Pflegekräfte plus Hebammen je 1000 Einwohnerinnen und Einwohner zur Verfügung, in Malta und den Niederlanden ziemlich genau doppelt so viele. Beim ärztlichen Personal sieht es im Übrigen nicht besser aus.[18]

Für die kommenden Jahre ist tendenziell von einer weiteren Verschlechterung auszugehen. Denn die Zahl der älteren Menschen, die medizinische Hilfe brauchen, wird steigen. Gleichzeitig wird die Zahl der Personen im erwerbsfähigen Alter sinken. Unter den gegenwärtigen Bedingungen ist daher mit einem weiter zunehmenden Fachkräftemangel in der Pflege zu rechnen. Und das, obwohl schon jetzt eine Abwärtsspirale in Gang gesetzt ist: Die oft schlechten Arbeitsbedingungen machen die Krankenpflege wenig attraktiv. Neueinsteigerinnen und Neueinsteiger gibt es entsprechend zu wenige. Und wer schon in der Krankenpflege tätig ist, flieht oft aus dem Beruf oder reduziert die Arbeitszeit.[19] Die Politik und Betreiber von Krankenhäusern sprechen dann von »freiwilliger« Teilzeit, obwohl diese Beschäftigten tatsächlich Selbstschutz betreiben. Krankenpflegende sind zudem überdurchschnittlich häufig krank, fallen häufiger wegen psychischer Erkrankungen langfristig aus und gehen häufiger in Frührente. Der Fachkräftemangel ist also auch (kranken)hausgemacht.

Abhilfe kann hier nur begründete Aussicht auf Besserung schaffen – das heißt: bessere Arbeitsbedingungen, angemessene Bezahlung, verbindlich vorgegebene Personalschlüssel und ein respektvoller Umgang seitens der Vorgesetzten.

Die Personalsituation ist längst zu einem tarifpolitischen Thema geworden. Die für Kliniken zuständige Gewerkschaft ver.di streikt seit einiger Zeit immer wieder für mehr Personal und für Entlastung. Und gemeinsam mit dem Deutschen Pflegerat und der Deutschen Krankenhausgesellschaft hat ver.di ein Instrument zur Personalbemessung entwickelt. Diese »Pflegepersonalregelung 2.0« wird seit 2023 in ausgewählten Kliniken erprobt.

Die Botschaften waren unmissverständlich, die Verärgerung offensichtlich: »In Attendorn landet kein Storch mehr«, »Wenn Geburten sich nicht mehr lohnen«, »Attendorner müssen in Attendorn geboren werden«. Wer am 6. Oktober 2021 nach Einbruch der Dunkelheit durch die Innenstadt der sauerländischen Kleinstadt schlenderte, konnte sie kaum übersehen: Unbekannte hatten an mehreren Stellen Wäscheleinen gespannt und daran neben Babykleidung jede Menge Protestschilder aufgehängt. Kurz zuvor war bekannt geworden, dass die örtliche private Helios-Klinik beabsichtigte, ihre Geburtsstation zu schließen. Mit der Folge, dass werdende Mütter einen weiteren Weg ins nächstgelegene Krankenhaus auf sich nehmen müssen.[20]

Die Begründung der Klinikleitung: Personalengpässe im ärztlichen Bereich. Tatsächlich wird dies bei Schließungen häufig als Grund genannt. Daneben spielen oft wirtschaftliche Gründe eine Rolle – Klinikbereiche werden dichtgemacht, wenn sie nicht kostendeckend arbeiten. Und nicht selten verschwinden nicht nur einzelne Stationen, sondern sogar ganze Krankenhäuser von der Landkarte. Das Schlagwort vom »Krankenhaussterben« macht die Runde. Wobei die Grenzen zwischen personellen und wirtschaftlichen Gründen fließend sind: Mit entsprechend höheren Gehältern und Zulagen ließe sich durchaus Personal finden. Was allerdings zu erhöhten Kosten und unter den gegebenen Rahmenbedingungen zu geringerer Wirtschaftlichkeit führt.

Attendorn ist kein Einzelfall. Die Anzahl der Krankenhäuser mit Entbindungsstationen ist bundesweit rückläufig. Sie hat sich in dreißig Jahren bis 2019 fast halbiert. Ähnlich sieht es bei Stationen anderer Fachrichtungen aus. Darüber hinaus machen nicht nur einzelne Stationen, sondern auch ganze Krankenhäuser reihenweise dicht. So wurde seit 1991 mehr als jedes fünfte Krankenhaus geschlossen.

Nun gibt es gute Gründe dafür, die Zahl der Krankenhäuser zu verringern. Gerade in städtischen Regionen bestehen zahlreiche kleinere Kliniken mit weitgehend identischem Angebot. Eine stärkere Konzentration auf weniger, aber größere Kliniken kann die Qualität steigern. Das ärztliche und pflegerische Personal kann sich auf bestimmte Leistungen spezialisieren und hier Erfahrung sowie Routine entwickeln. Dies mindert das Risiko von Fehlern und Komplikationen.[21]

Allerdings führen Fallpauschalen, Konkurrenzprinzip und Profitorientierung im Krankenhaussektor dazu, dass in erster Linie die Wirtschaftlichkeit über Wohl und Wehe von Kliniken und Stationen entscheidet. Geschlossen wird, was sich nicht lohnt. Dieses System nimmt keine Rücksicht auf Bedarfe, Fähigkeiten, Erfahrung und räumliche Nähe.

Geradezu beispielhaft wird dies am Klinikum des brandenburgischen Elbe-Elster-Kreises deutlich. Nach der Pandemie geriet das Haus in eine wirtschaftliche Schieflage. Der Kreistag beschloss daher 2023 ein Sanierungskonzept. Es sah vor, die drei bestehenden Standorte auf eine Grund- und Notfallversorgung mit vorwiegend ambulanter Behandlung zurückzubauen. Im Gegenzug sollte im Zentrum des Kreises ein neues, leistungsfähigeres Krankenhaus entstehen. Die Gesamtkosten von 150 Millionen Euro aber konnte der Kreis nicht stemmen. Bundesmittel gibt es nicht, und auch das Land Brandenburg lehnte eine finanzielle Unterstützung ab.[22] Eine sinnvolle, politisch gesteuerte Zentralisierung und Weiterentwicklung der regionalen Krankenhauslandschaft scheiterte damit am Unwillen vieler politisch Handelnder – und am Geld.

Wenngleich die Politik sich die Letztentscheidung formal vorbehält, findet eine übergeordnete Planung auf der Grundlage von fachlichen und medizinischen Kriterien kaum statt. Wie die überlebenden Häuser und Stationen verteilt sind, ist allenfalls von nachgeordneter Bedeutung.[23] Gerade das wäre aber zu beachten, um überall einen gleich guten Zugang zu medizinischen Leistungen zu gewährleisten. Selbst die wettbewerbsfreudige Monopolkommission der Bundesregierung räumte 2022 in einem Gutachten ein, dass im ländlichen Raum eine wohnortnahe Versorgung mit Krankenhäusern schon heute nicht mehr überall gewährleistet ist.[24]

Zudem ist der Trend zur Privatisierung ungebrochen: Die Zahl privater Kliniken steigt an, während die Zahl öffentlicher oder gemeinnütziger Häuser zurückgeht. 2019 waren mehr als 38 Prozent der Krankenhäuser in Deutschland in privater Hand, keine zwanzig Jahre davor waren es weniger als 15 Prozent. Leere öffentliche Kassen und der erhöhte Kostendruck – auch durch das System der Fallpauschalen – schlagen hier voll durch. Viele Städte, Gemeinden und Landkreise sahen und sehen sich dazu gezwungen, ihre Kliniken an private Konzerne zu verkaufen. Helios, Asklepios, Sana oder Vivantes reiben sich die Hände. Diese Konzerne wachsen so gut wie ausschließlich auf Basis von Zukäufen. Neugegründete Kliniken gibt es quasi keine. Gerne erwerben die privaten Ketten dabei in räumlicher Nähe zueinander liegende Häuser. So können sie Klinikbetten abbauen oder einzelne Abteilungen – zum Beispiel die Geburtshilfe – schließen. Wieder entscheidet die Wirtschaftlichkeit, nicht der Bedarf. Das Ziel: Profite erwirtschaften. Was zusätzlich zu den Fallpauschalen den Druck erhöht, die Kosten zu senken.

Privatisierung wirkt sich nicht zuletzt auf die Personalausstattung aus. Denn private Krankenhäuser schneiden hier schlechter ab als andere. Sie beschäftigen im Durchschnitt pro Bett nur zwei Drittel des ärztlichen Personals, das öffentliche Krankenhäuser pro Bett angestellt haben. Beim Pflegepersonal sind es 81 Prozent, beim technischen und sonstigen Personal sogar nur 48 Prozent. Überdurchschnittlich hoch ist hingegen der Anteil des Personals, das private Krankenhäuser über Leiharbeit oder als Honorarkräfte ins Haus holen. Die Personalausstattung in gemeinnützigen Kliniken liegt dazwischen; sie ist besser als die in privaten Häusern, aber schlechter als die in öffentlichen.[25]

Gerade öffentliche Krankenhäuser stehen unter enormem finanziellem Druck. Noch immer gilt, was die Rhön Klinikum AG 2001 in ihrem Geschäftsbericht formuliert hatte: Die öffentliche Finanzmisere werde den Privatisierungsdruck auf Krankenhäuser weiter erhöhen und weitere Übernahmen ermöglichen. Der Rhön-Konzern ist schon länger ein Spieler auf dem Feld. Im Zuge seiner Expansionsstrategie hatte er 1999 die Städtische Klinik St. Barbara von der Stadt Attendorn übernommen, schlechtere Arbeitsbedingungen und entlassenes Pflegepersonal inklusive. 2014 musste er das Haus zusammen mit 39 weiteren Kliniken an Helios weiterverkaufen. Weshalb Rhön heute nur noch die zweite Geige im Privatisierungskonzert spielt. Das Krankenhaus in der sauerländischen Hansestadt kennen die Menschen vor Ort seitdem als Helios-Klinik.

Es war nicht der Nikolaus, der am 6. Dezember 2022 vor die Bundespressekonferenz trat. Und er hatte keine Geschenke zu verteilen. Aber er hatte eine vermeintliche Revolution zu verkünden: »Eine Revolution, die wir unbedingt benötigen«, sagt der Minister, »und auch etwas, was dazu beitragen wird, dass die Personalprobleme in den Krankenhäusern besser werden. Und zwar deshalb: Derzeit verlassen viele Pflegekräfte, aber auch viele Ärztinnen und Ärzte, die verlassen die Krankenhäuser, weil sie diesen ökonomischen Druck nicht ertragen wollen.«

Einst hatte Karl Lauterbach tatkräftig mitgeholfen, diesen »ökonomischen Druck« zu schaffen. Fast zwanzig Jahre später stellte er nun – als Gesundheitsminister – zutreffend fest: »Das Hauptproblem ist, dass wir fast alles an Budget in den Krankenhäusern über so genannte Fallpauschalen bezahlen.«[26]

Wer aber erwartet hatte, seine »Revolution« bestünde in einer Vollbremsung und 180-Grad-Wende, sah sich getäuscht. Vom Ende der Ökonomisierung konnte keine Rede sein. Denn Fallpauschalen bleiben erhalten. Sie werden lediglich zurückgefahren, künftig sollen sie »nur« noch 40 Prozent der Betriebskosten von Krankenhäusern decken. Die restlichen 60 Prozent der Gelder – einschließlich des 2020 eingeführten Pflegebudgets – sollen in Form so genannter Vorhaltepauschalen fließen. Wobei deren Höhe zumindest übergangsweise anhand der Fallzahlen ermittelt wird – Fallpauschalen durch die Hintertür also. Privatisierung und Profitorientierung werden nicht angetastet. Und über das Wohl und Wehe der Krankenhäuser entscheidet weiterhin in erster Linie nicht der lokale und regionale Bedarf, sondern deren Wirtschaftlichkeit.

Kurzum: Die Ökonomisierung bleibt.

Endnoten

1 Eine erste Fassung dieses Kapitels stammte von Kai Eicker-Wolf. Ich danke für die Erlaubnis, den stark überarbeiteten Text hier verwenden zu dürfen.

2 Schwarz, C. (2008) »Entwicklung der geburtshilflichen Versorgung – am Beispiel geburtshilflicher Interventionsraten 1984–1999 in Niedersachsen«, Technische Universität Berlin: unveröffentlichte Dissertation.

3 Scheiwe, H. / Wittenberg, L. (2023) »›Dass Kinder so geboren werden, können wir als Land nicht wollen‹«, https://www.rnd.de/panorama/hebammenmangel-in-deutschland-verbandspraesidentin-im-interview-SSRAI4KDXVEWXMT76J4LVYOPIQ.html (Abruf 13. Februar 2024).

4 Strohschneider, T. (2022) »Krankenhaus im Ausverkauf. Private Gewinne auf Kosten unserer Gesundheit«, Bonn: Westend.

5 Albrecht, M. / Loos, S. (2019) »Stationäre Hebammenversorgung. Gutachten für das Bundesministerium für Gesundheit«, Berlin: IGES Institut.

6 Kipper, J. (2017) »Was Hebammenmangel wirklich bedeutet«, https://www.n-tv.de/panorama/Was-Hebammenmangel-wirklich-bedeutet-article19953144.html (Abruf 14. Februar 2024).

7 Simon, M. (2020) »Das DRG-Fallpauschalensystem für Krankenhäuser. Kritische Bestandsaufnahme und Eckpunkte für eine Reform der Krankenhausfinanzierung jenseits des DRG-Systems«, in: *Working Paper Forschungsförderung* 196.

8 Dück, J. (2021) »Soziale Reproduktion in der Krise«, Weinheim, Basel: Beltz.

9 Vereinte Dienstleistungsgewerkschaft ver.di (2017) »Nachtdienst-Report. Personalmangel und Versorgungsprobleme in deutschen Krankenhäusern«, Berlin.

10 Simon, M. (2022) »Pflegenotstand auf Intensivstationen. Berechnungen zum Ausmaß der Unterbesetzung im Pflegedienst der Intensivstationen deutscher Krankenhäuser«, in: *Study* 474.

11 Strohschneider, T. (2022) »Krankenhaus im Ausverkauf. Private Gewinne auf Kosten unserer Gesundheit«, Bonn: Westend.

12 Zahlen ohne Hochschulkliniken. Deutsche Krankenhausgesellschaft (2021) »Bestandsaufnahme zur Krankenhausplanung und Investitionsfinanzierung in den Bundesländern«, Berlin.

13 Bundesrechnungshof (2020) »Bericht an den Haushaltsausschuss des Deutschen Bundestages nach § 88 Abs. 2 BHO über die Prüfung der Krankenhausfinanzierung durch die gesetzliche Krankenversicherung, hier: Finanzierung von Investitionen«, Potsdam: Bundesrechnungshof.

14 Reiners, H. (2020) »Kein Weiter so im Medizinbetrieb«, https://www.gg-digital.de/2020/07/kein-weiter-so-im-medizinbetrieb/index.html (Abruf 27. Mai 2022).

15 Deutsches Krankenhausinstitut (2021) »Krankenhaus Barometer 2021«, https://www.dki.de/sites/default/files/2021-12/20211221_Final_KH-Barometer-komprimiert.pdf (Abruf 31. Mai 2022).

16 Rippegather, J. (2021) »Uniklinik Gießen-Marburg: Pflegekräfte kündigen im Kollektiv«, https://www.fr.de/rhein-main/landespolitik/uniklinik-giessen-marburg-pflegekraefte-kuendigen-im-kollektiv-91043515.html (Abruf 25. Oktober 2023).

17 Deutsches Krankenhausinstitut (2021) »Krankenhaus Barometer 2021«, https://www.dki.de/sites/default/files/2021-12/20211221_Final_KH-Barometer-komprimiert.pdf (Abruf 31. Mai 2022).

18 Köppen, J. / Busse, R. (2023) »Die Personalsituation im Krankenhaus im internationalen Vergleich«, in: *Krankenhaus-Report 2023*, S. 19–32. Gemessen in Vollzeitäquivalenten.

19 Auffenberg, J. / Becka, D. / Evans, M. et al. (2022) »›Ich pflege wieder, wenn…‹. Potenzialanalyse zur Berufsrückkehr und Arbeitszeitaufstockung von Pflegefachkräften«, Bremen: Arbeitnehmerkammer.

20 Strotdrees, G. (2021) »Warum schließen auf dem Land so viele Geburtsstationen?«, https://www.landbrief.de/landbriefe/warum-schliessen-auf-dem-land-so-viele-geburtsstationen/ (Abruf 23. August 2023).

21 Reiners, H. (2020) »Kein Weiter so im Medizinbetrieb«, https://www.gg-digital.de/2020/07/kein-weiter-so-im-medizinbetrieb/index.html (Abruf 27. Mai 2022).

22 Behruzi, D. (2024) »Die Versorgung ist gefährdet«, *ver.di publik* 1, S. 19.

23 Strohschneider, T. (2022) »Krankenhaus im Ausverkauf. Private Gewinne auf Kosten unserer Gesundheit«, Bonn: Westend.

24 Monopolkommission (2022) »Krankenhausversorgung nach Corona. Wettbewerb, Planung und Finanzierung neu organisieren«, in: *Sondergutachten* 83. Bonn: Nomos.

25 Eigene Berechnung nach: Statistisches Bundesamt (2022) »Grunddaten Krankenhäuser«, *Fachserie 12 Reihe 6.1.1*, Wiesbaden.

26 »Reform im Krankenhaussystem. Bundespressekonferenz mit Karl Lauterbach (SPD) zum Thema ›Reformvorschläge der Regierungskommission Krankenhausversorgung‹«, *phoenix*, 6. Dezember 2022.

VI – »Alois im Wunderland«

Altenpflege

Ein Beruf im sozialen Bereich war für Jasmin Frehm schon früh das Ziel. Es wurden schließlich drei: Einer Ausbildung als Kinderpflegerin in einer Kita folgten einige Jahre Berufstätigkeit, dann eine weitere Ausbildung als Familienpflegerin bei einem kirchlichen Träger und schließlich eine als Altenpflegerin. Zwanzig Jahre arbeitete sie in diesem Bereich.

»Zu Beginn meiner Tätigkeit als Altenpflegerin habe ich immer das Ideale gesucht«, sagt Frehm, die eigentlich anders heißt, »das ideale Heim, den perfekten Betrieb. Die gibt es aber nicht.« Deshalb – und weil sie verschiedene Einrichtungen kennenlernen wollte – habe sie ihren Arbeitgeber einige Male gewechselt. »Ich war sowohl in Heimen als auch bei ambulanten Pflegediensten jeweils mehrere Jahre beschäftigt«, fügt Frehm hinzu, »das waren kirchliche wie auch kommunale und private Betriebe.« Nachdem sie mehrmals umgezogen ist, lebt sie mittlerweile wieder in ihrer Geburtsstadt, einer baden-württembergischen Kleinstadt.

»Ich habe Behandlungspflege gemacht, also etwa Kompressionsstrümpfe angezogen, Injektionen und Medikamente verabreicht, mit dem Arzt und Angehörigen kommuniziert, teilweise auch Medikamente bei den Ärzten bestellt«, sagt Frehm. Zudem machte sie Grundpflege wie Ernährung und Körperpflege sowie häusliche Arbeiten. »Wir sind auch geschult darin, die Bewohnerinnen und Bewohner zu aktivieren«, teilt Frehm mit, »es ist nicht gut, ihnen alles abzunehmen.«

Für ihren Beruf wünscht sich Frehm mehr gesellschaftliche Anerkennung: »Wenn ich früher gesagt habe, ich sei Altenpflegerin, dann hieß es oft: ›Wie kannst Du das – den ganzen Tag Urin und Stuhlgang?‹« Das sei ein falsches Bild. Zur Pflege gehöre einiges mehr dazu. Zudem bekomme man viel zurück – »Dankbarkeit, Herzenswärme, tolle Begegnungen«. Mittlerweile sei das Bild des Berufs aber besser geworden, »vielleicht durch Corona«. Viele hätten jedenfalls erkannt, dass Altenpflege wichtig sei.

Schwester Aleidis hatte keine einfache Aufgabe. Die Franziskanerin leitete ab 1977 den Pflegedienst der damals von zehn Kirchengemeinden gegründeten Sozialstation im schwäbischen Burladingen. Ihre vorrangige Aufgabe war es, zwei Welten zusammenzubringen: Ordensschwestern und Pflegerinnen sollten in der neuen Einrichtung zusammenarbeiten. »In Sorge um den Mitmenschen« betitelte die Lokalzeitung ihren Bericht über die Eröffnungsveranstaltung in der örtlichen Stadthalle – und schrieb von einem »Zeichen christlicher Nächstenliebe«.

Solche Sozialstationen gründeten Kirchengemeinden ab den 1970er Jahren vielerorts. Sie waren Ausdruck eines schwindenden Gottesglaubens. Denn über Jahrhunderte spielten in Europa Ordensschwestern – und in geringerem Umfang Ordensbrüder – bei der Versorgung pflegebedürftiger Menschen eine große Rolle. Ab den 1970er Jahren aber brach den christlichen Orden der Nachwuchs weg, und damit auch Teilen der Kranken- und Altenpflege. Zugleich stieg die Zahl der Pflegebedürftigen an. Sozialstationen waren eine Reaktion hierauf: Immer mehr weltliche Pflegekräfte ergänzten zunächst die Ordensschwestern – und ersetzten sie schließlich ganz. Auch in Burladingen ist heute keine Ordensschwester mehr tätig.[1]

Als Hessischer Sozialminister von 1976 bis 1987 war der Sozialdemokrat und Gewerkschafter Armin Clauss maßgeblich an den pflegepolitischen Diskussionen jener Zeit beteiligt. Er verweist darauf, dass die Krise der Altenpflege ab den 1970er Jahren in sozialer Hinsicht verheerende Folgen hatte: »Die ambulante Pflege konnte nicht mehr sichergestellt werden, und die stationäre Pflege war viel zu teuer.« Durch den Wegfall der für einen »Gotteslohn« arbeitenden Ordensschwestern, durch die zunehmend professionalisierte Pflege und durch den demografischen Wandel stiegen die Pflegekosten. Selbst mit mittlerem Einkommen konnten Menschen sie nicht mehr stemmen. Immer mehr Pflegebedürftige mussten Sozialhilfe beantragen – was bedeutete, dass sie ihren Besitz zu veräußern hatten und nur noch ein Taschengeld bekamen. »Ich erinnere mich an eine Begegnung im Altenheim, da sagte mir eine ältere Dame, sie sei nicht mal mehr in der Lage, sich die Haare machen zu lassen«, berichtet Clauss.

Pflegebedürftige Menschen verarmten zunehmend. Der Bedarf an Pflegekräften konnte immer weniger gedeckt werden. Die Diskussion, wie darauf politisch zu reagieren sei, lief über zwanzig Jahre.[2] Gewerkschaften und Sozialverbände forderten, das Risiko der Pflegebedürftigkeit auf breite Schultern zu verteilen. Es brauche ein neues System, bei dem die Kosten der Pflege solidarisch von der ganzen Gesellschaft getragen werden. Das Abrutschen in Sozialhilfe sollte vermieden werden. Städte, Gemeinden und Landkreise schlossen sich dieser Forderung an: Als Träger der Sozialhilfe wuchsen ihnen die Pflegekosten über den Kopf.

Arbeitgeber und Versicherungswirtschaft wandten sich dagegen. Letztere wollten mit privaten Pflegeversicherungen profitable

Geschäfte machen. Die Arbeitgeber verwiesen auf vermeintlich zu hohe Kosten. »Sie waren zurückhaltend, wie immer«, fährt Clauss fort, »ihr großes Thema waren damals schon die Lohnnebenkosten«. Gemeinsam mit dem Wirtschaftsflügel von CDU/CSU sowie der FDP forderten Versicherungswirtschaft und Arbeitgeber die staatliche Förderung privater Pflegeversicherungen.

Ein solches Modell hätte viele Schwächen und einen entscheidenden Nachteil gehabt: Es hätte erst über Jahrzehnte Geld angespart werden müssen. Notwendig war aber eine schnelle Lösung. Die bestand schließlich in der Einführung eines fünften Zweiges der Sozialversicherung – einer gesetzlichen Pflegeversicherung. 1986 hat Clauss als hessischer Sozialminister den ersten Gesetzentwurf für eine soziale Pflegeversicherung in den Bundesrat eingebracht. »Bei unserem Modell sollte die gesamte Bevölkerung versicherungspflichtig werden«, sagt er, »die Hälfte der Beiträge hätten die Arbeitgeber bezahlt, die andere Hälfte die Versicherten. Und wenn die Menschen dann in die Pflegeeinrichtungen kommen, dann sollten sie für Unterkunft und Verpflegung Eigenbeiträge entrichten, während die Pflegeversicherung die eigentliche Pflege finanziert.«

Die anfangs mehrheitlich ablehnende CDU/CSU trug nach langem Hin und Her das Modell einer gesetzlichen, durch Arbeitgeber und Beschäftigte finanzierten Pflegeversicherung mit. Den Arbeitgebern wurden ihre Finanzierungsanteile indirekt erstattet – indem ein Feiertag, der Buß- und Bettag, abgeschafft wurde. Dem Wirtschaftsflügel von CDU/CSU sowie der FDP fiel es so leichter zuzustimmen. Faktisch finanzieren die Arbeitnehmerinnen und Arbeitnehmer seitdem die Pflegeversicherung vollständig selbst.

Nach einem langen Gesetzgebungs- und Verhandlungsprozess stimmte der Bundestag 1994 der gesetzlichen Pflegeversicherung mit den Stimmen von CDU/CSU, SPD und großen Teilen der FDP zu. Für Clauss spielte der damalige Sozialminister Norbert Blüm (CDU) eine entscheidende Rolle. »Blüm war im Grunde der gleichen Ansicht wie ich«, teilt Clauss mit, »aber er hatte eine Rolle in seiner Partei und in der Koalition von CDU, CSU und FDP zu spielen. Er musste dort um seine sozialpolitischen Positionen kämpfen.« Angesichts der damaligen Machtverhältnisse habe er aber einiges erreicht.

Gleichwohl habe Blüm Zugeständnisse machen müssen. »Wir waren der Ansicht, dass die gemeinnützigen Wohlfahrtverbände die ambulante Pflege übernehmen sollten«, sagt Clauss, »also die, die sowieso die Fachkompetenz haben.« Die FDP habe das aber dem freien Markt überlassen wollen, die CDU/CSU mehrheitlich auch. »Und so konnte jeder ein klappriges Auto kaufen und ›Pflegedienst‹ draufschreiben«, fügt Clauss hinzu. »Die ambulante Pflege wurde zu einem marktwirtschaftlichen Bereich, in dem nicht die Kompetenz im Vordergrund steht.« Private Pflegeheime gab es zuvor schon. Wie die privaten ambulanten Pflegedienste erlebten sie aber mit der Einführung der gesetzlichen Pflegeversicherung einen Boom. Er hält bis heute an.

Ein weiterer Konstruktionsfehler der gesetzlichen Pflegeversicherung: Sie bot von Beginn an nur eine Grundabsicherung. Die Kosten sollten begrenzt bleiben, auch hier setzten sich die Arbeitgeber durch. Die Versicherung deckt daher nicht den tatsächlichen Bedarf, sondern zahlt pauschale Zuschüsse aus. Im ambulanten Bereich soll sie lediglich die familiäre und ehrenamtliche Betreuung und Pflege ergänzen. Im stationären Bereich müssen Pflegebedürftige die Kosten für Unterkunft und Verpflegung sowie die Investitionskosten selbst bezahlen. Doch selbst für die Pflege an sich reichen die Zuschüsse nicht aus. Dadurch sind heute erneut viele Gepflegte finanziell überfordert. Und da die Pflegekosten rasch ansteigen, verschärft sich dieses Problem von Jahr zu Jahr. So sind die Eigenanteile, die Bewohnerinnen und Bewohner von Pflegeheimen bezahlen müssen, zwischen 2017 und 2023 um 53 Prozent angestiegen, die reinen Pflegekosten sogar um 115 Prozent.[3] Seit 2022 fängt die Pflegeversicherung abhängig von der Wohndauer im Heim einen Teil dieser steigenden Kosten auf – aber eben nach wie vor nur einen Teil.

Sinnvoll wäre es, diesen Konstruktionsfehler zu korrigieren. Nicht zuletzt Gewerkschaften und Sozialverbände fordern eine Pflegevollversicherung. Sie wollen, dass alle nachweislich notwendigen Pflegeleistungen – gleich ob ambulant oder stationär – vollständig von den Kassen finanziert werden. Dies würde pflegebedürftige Menschen erheblich entlasten.

Jasmin Frehm: »Egal mit wem ich es als Altenpflegerin zu tun habe, eines ist immer gleich: Der Ton macht die Musik. Mit Freundlichkeit und Einfühlungsvermögen kann man viel erreichen. Ich hatte einmal einen älteren Klienten. Beim Waschen las er meinen Namen und sagte: ›Ich kenne sie. Ich habe ich ihren Giebel ausgebaut.‹ Er war als Architekt in meinem Elternhaus tätig. An die Pläne konnte er sich noch genau erinnern.

Miteinander zu reden, das ist so wichtig in meinem Beruf. Die Gespräche ergeben sich einfach. Da erfährt man die wunderbarsten Geschichten. Natürlich geht das nur neben der Arbeit – einfach nur zu reden, dafür ist keine Zeit.

Leider gibt es aber auch Pflegekräfte, die sich im Ton vergreifen. Einmal wurden in einer Teamsitzung Beschwerden besprochen. Eine Kollegin hatte eine Klientin angemotzt, deren Bett nass war. Das kommt schon mal vor, wenn man sich verspätet. Die Einlage hat dann nicht mehr gehalten. Meine Kollegin war offenbar ausfallend geworden. Aber es macht doch niemand mit Absicht das Bett nass! Dass der Chef uns gegenüber den Namen der Kollegin offengelegt hat, finde ich allerdings daneben.«

Es gebe Kolleginnen und Kollegen, die es vorzögen, ambulant zu arbeiten. »Sie sagen, da fällt die Klingelei weg, die Ärzteanrufe, die Besuche der Angehörigen, die Nachtschichten«, sagt Jasmin Frehm. Ihr hingegen gefalle die Arbeit in der stationären Pflege besser. »Man kann sich die Arbeit besser einteilen, ist flexibler, hat Kolleginnen und Kollegen in der Nähe«, teilt sie mit. »Ich finde das Heim familiärer.« Im ambulanten Dienst hingegen sei man als Pflegekraft allein, könne keine Hilfe holen, müsse alle Entscheidungen selbst treffen. Am schlimmsten aber sei dort der Zeitdruck. »Man hängt permanent an der Uhr«, sagt Frehm, »im Pflegeheim auch, aber in der ambulanten Pflege ist es schlimmer. Die kommt mir wie ein Abfertigungsmanöver vor.« Man sei zudem gezwungen, Menschen mit ihren Sorgen und Problemen allein zu lassen. »Ich bin oft mit einem unguten Gefühl aus der Wohnung gegangen – als ob ich sie im Stich lasse, weil mir die Uhr im Nacken sitzt«, fügt sie hinzu.

Gerade in der ambulanten Pflege sind Überwachung und technische Zeiterfassung ein Thema, wie Frehm berichtet: »Beim ambulanten Pflegedienst hatten wir ein Handy, auf das die Touren draufgespielt wurden. Wenn wir eine Wohnung betraten, mussten wir das in der App angeben. Dann lief die Uhr, bis wir den Besuch in der App als beendet kennzeichneten.« Die Handys seien im Büro per GPS nachzuverfolgen, live auf dem PC. Dadurch entstehe noch mehr Druck.

Zeitdruck in der ambulanten Pflege führe zu Stress und Hektik, so Frehm. Dies mache viele Klientinnen und Klienten unsicher und schüchtere sie ein. Zeitdruck sei gefährlich und führe zu Pflegefehlern. Frehm berichtet von einem Vorfall, der sich ereignete, als sie die Kollegin eines anderen ambulanten Pflegedienstes zum Probearbeiten begleitete. Die Kollegin habe um zehn Uhr pünktlich wieder im Büro sein müssen. Als sie Insulin spritzen wollte, sei sie deshalb so hektisch gewesen, dass sie sich zunächst selbst gestochen habe. Frehm: »Danach wollte sie die Klientin spritzen«, erzählt Frehm, »mit der gleichen Nadel! Das ist leichtsinnig und gegen alle Regeln. Als ich sie darauf hinwies, sagte sie nur, wir müssten weiter.«

Zeit ist Geld. Was nicht bezahlt wird, wird nicht gemacht. Frehm sagt: »Wir dürfen nicht das Trinkglas in die Spülmaschine stellen oder den Rollladen aufmachen, wenn es nicht bezahlt wird.« Sie habe immer das Bett aufgeschüttelt, ob es bezahlt wurde oder nicht. Vor Jahren habe sie einer Klientin im sechsten Stock, die die Wohnung nicht mehr verlassen konnte, regelmäßig die Zeitung hochgebracht. »Ich lief ja sowieso am Briefkasten vorbei«, erzählt sie, »dann aber ging das Gerede los: Warum macht Jasmin das, andere aber nicht? Mein Chef wollte, dass ich die Angehörigen informiere, sie sollten ihr die Zeitung bringen. Die lebten in Berlin.«

In der Altenpflege sind Teilzeitstellen der Normalfall. Bei ambulanten Pflegediensten beträgt die Teilzeitquote über 68 Prozent, in Pflegeheimen über 63 Prozent.[4] Das hat System, wie Jasmin Frehm feststellen musste, als sie bei einem ambulanten Pflegedienst kündigte: »Mein Chef wollte mich durchaus halten.« Er habe sofort mehr Geld angeboten. Ihr aber sei es um eine längere Arbeitszeit gegangen. Die gewünschte Vollzeitstelle verweigerte der Vorgesetzte, fügt Frehm hinzu: »Er sagte klar, dass es im mobilen Dienst keine 100-Prozent-Stellen gibt.«

Für Arbeitgeber haben Teilzeitstellen den Vorteil, dass sie die Beschäftigten flexibler einsetzen können. Insbesondere Arbeitsspitzen und krankheitsbedingte Ausfälle lassen sich so besser ausgleichen. Zudem wünschen die meisten Klientinnen und Klienten vor allem der ambulanten Dienste, dass die Pflegekräfte sie früh am Morgen oder am späten Nachmittag besuchen. Im Tagesablauf ergibt sich bei diesen sogenannten geteilten Diensten eine Lücke am Mittag und frühen Nachmittag; die Diensteinsätze sind deutlich kürzer als die für Vollzeit üblichen sieben oder acht Stunden. Mit Beschäftigten in Teilzeit ist die Dienstplanung vor diesem Hintergrund einfacher. Die Folge dessen ist absurd: Obwohl Fachkräfte händeringend gesucht werden, ist es schwer, eine Vollzeitstelle zu finden.

Hinzu kommt: Für die Beschäftigten ist Teilzeit eine Strategie, mit Stress, Belastung und Überstunden umzugehen. Sie fliehen im Grunde zeitweise aus dem Beruf. Eine Studie unter anderem der Arbeitnehmerkammer Bremen berichtete 2022, dass durch die Ausdehnung der Arbeitszeit von teilzeitbeschäftigten Altenpflegekräften ein zusätzliches Potential von 19.000 bis 35.000 Personen gehoben werden könne. Gelänge es überdies, gänzlich ausgestiegene Altenpflegekräfte für den Beruf zurückzugewinnen, so kämen sogar noch 111.000 bis 284.000 Stellen in Vollzeit dazu. Voraussetzung dafür wären bessere Arbeitsbedingungen – etwa mehr Zeit für eine gute Pflege, mehr Personal, mehr Geld, mehr Wertschätzung und verlässliche Arbeitszeiten.[5]

Frehm wünscht sich mit Blick auf die Arbeitszeiten noch etwas Anderes: mehr Flexibilität zu Gunsten der Beschäftigten. »Wenn man einen Wunschdienst braucht, bekommt man ihn nicht«, sagt sie. »Vor einiger Zeit hätte ich gerne einen Tag freigehabt für eine große Familienfeier. Ich habe ihn nicht bekommen.« Es mag ein Detail sein, macht aber doch deutlich, wo es in der Altenpflege hakt.

Jasmin Frehm: »Ich hatte beim ambulanten Pflegedienst eine Klientin, die sich nicht waschen lassen wollte. Sie war sehr gläubig. Wir haben dann zusammen während der Körperpflege langsam das Vaterunser gebetet. Beim ›Amen‹ war sie gewaschen und angezogen. An anderen Tagen haben wir Volkslieder gesungen. Das waren schöne Momente. Weil die Pflege irgendwann schnell ging, hatten wir manchmal sogar noch Zeit für einen schnellen Kaffee. Und am nächsten Morgen dann erneut die Frage: ›Singen wir wieder?‹ Das war der Deal – ich singe mit ihr, und sie lässt sich waschen.

Dass Klientinnen und Klienten sich nicht waschen lassen wollen, kommt oft vor. Manche werden da auch aggressiv. Vor allem die, die neu in der Pflege sind, haben Schamgefühl ohne Ende. Ich frage dann vor jedem Schritt: Darf ich Ihnen das Gesicht reinigen, oder möchten Sie selbst? Darf ich Sie im Intimbereich waschen, oder machen Sie das? Es würde mir nicht anders gehen an ihrer Stelle.«

Bad Marienberg ist eine idyllische Kleinstadt in Rheinland-Pfalz, im Westerwald nahe der Grenze zu Hessen. Der Erholungswert der selbst ernannten »Gesundheitsstadt« ist hoch: Mitten im Grünen gelegen, hübsche Straßen mit Pflastersteinen und netten Cafés, Kirchen, mit Schiefer verkleidete Häuser, Fachwerk, zahlreiche Spazier- und Wandermöglichkeiten. Viel Idylle also.

Das Städtchen hat aber weniger idyllische Geschichte geschrieben. Das private Unternehmen Alloheim errichtete 1973 dort sein erstes Altersheim. In den nächsten 25 Jahren wuchs das damalige Familienunternehmen – benannt nach dem Spitznamen seines Gründers Alois Mollik – auf dreizehn Einrichtungen mit tausend Beschäftigten. Dann stieg erstmals eine Beteiligungsgesellschaft ein: 2007 erwarb Star Capital Partners aus Großbritannien das Unternehmen. Solche Beteiligungsgesellschaften werben Gelder etwa von Pensionsfonds oder reichen Privatpersonen ein und investieren diese dann mit dem Versprechen schneller und hoher

Renditen. Sechs Jahre später verkaufte Star Capital seine Anteile branchentypisch an einen anderen Fonds, Carlyle aus den USA. Kaufsumme: 180 Millionen Euro. Das Unternehmen umfasste zu diesem Zeitpunkt schon 49 Einrichtungen. Der neue Eigentümer gab der bisherigen GmbH die Rechtsform einer europäischen Aktiengesellschaft (SE) – was stark wachsende Unternehmen oft machen, um die Mitbestimmungsrechte der Beschäftigten zu schwächen. Lange gehalten hat Carlyle Alloheim allerdings auch nicht: 2017 verkaufte es das Unternehmen mit seinen damals 160 stationären Einrichtungen sowie siebzehn ambulanten Diensten für 1,1 Milliarden Euro an Nordic Capital aus Schweden. Damals arbeiteten 14.500 Menschen für Alloheim. Den größten Teil seines Wachstums erreichte Alloheim durch Zukäufe. 2023 betrieb die Gruppe insgesamt 254 stationäre Einrichtungen (sowie 24 ambulante Dienste), beschäftigte rund 22.000 Mitarbeiterinnen und Mitarbeiter. Damit wurde sie hierzulande Marktführerin.[6]

Altenpflege ist ein lohnendes Geschäft, und das zunehmend global. Insofern ist Alloheim kein Einzelfall. Das Risiko, das die internationalen Investoren dabei tragen, ist gering. Denn letztlich sind ihre Umsätze staatlich garantiert. Den größten Teil der Pflegekosten bezahlt die öffentliche Hand – sei es die Pflegeversicherung oder sei es das Sozialamt. Überdies sind die Wachstumsperspektiven dank demografischem Wandel gut. Das Statistische Bundesamt schätzte 2023 in seiner Pflegevorausberechnung, dass die Zahl der Pflegebedürftigen in Deutschland in den nächsten dreißig Jahren von etwa 5 Millionen auf knapp 7,6 Millionen ansteigen wird.

Das typische Geschäftsmodell der Beteiligungsgesellschaften wird auf absehbare Zeit weiter funktionieren: Da es noch immer eine große Zahl an Pflegeanbietern gibt, lässt sich mit dem Zukauf und Umstrukturieren (*buy and build* genannt), dem Ausschlachten und profitablen Weiterverkaufen solcher Unternehmen weiterhin gutes Geld verdienen. Nicht selten finanzieren die Fonds dabei den Kauf durch Schulden, die sie anschließend auf das erworbene Unternehmen überwälzen (*debt pushdown* genannt). Dieses muss dann den Schuldendienst leisten. Auch die Übernahme von Alloheim durch Nordic Capital 2017 wurde auf diese Weise finanziert. Eine ebenfalls beliebte Strategie ist es, die Immobilien der erworbenen Pflegeheime zu verkaufen und anschließend zurück zu mieten – mit der Folge steigender Kosten. Die Konsequenz all dessen: Die Investoren freuen sich über Profite, die zu großen Teilen in Steueroasen abfließen. Die langfristigen Folgen bekommen die Heime und die Pflegebedürftigen zu spüren.[7]

Es gibt einen Trend zu immer mehr privaten Pflegeanbietern. Zwischen 1999 und 2021 ist die Zahl der Heimplätze in Deutschland von 650.000 auf 980.000 gewachsen. Davon waren 1999 etwas mehr als ein Viertel in privater Hand, es dominierten mit fast zwei Dritteln noch klar die gemeinnützigen Anbieter. Auf öffentliche Altenheime entfielen etwas mehr als zehn Prozent. Bis 2021 hatten sich diese Verhältnisse geändert: Zwar waren die Gemeinnützigen immer noch die stärkste Gruppe, sie hielten allerdings gerade noch etwas über der Hälfte der Pflegeplätze. Die Privaten hatten ihren Anteil auf über 40 Prozent ausgeweitet, während die Öffentlichen auf deutlich unter zehn Prozent zurückfielen.[8] Dass es noch extremer geht, zeigen andere Länder: In Spanien haben private Anbieter einen Marktanteil von 80 Prozent, in Großbritannien von 76 Prozent.[9]

Bei ambulanten Pflegediensten sieht es ähnlich aus.[10] Die Privaten fahren also auf der Überholspur, wobei hier große, von Beteiligungsgesellschaften geführte Unternehmen wie kleine Betreiber gleichermaßen gemeint sind. Für Beschäftigte und für Pflegebedürftige sowie deren Familien bleibt dieser Privatisierungstrend nicht ohne Folgen. Zwar sind die Preise der privaten Anbieter im Mittel niedriger als die der gemeinnützigen und der öffentlichen.[11] Allerdings: Pflege ist eine Dienstleistung, und wer bei sozialen Dienstleistungen billiger sein will, der muss beim Personal oder an der Qualität sparen, oder an beidem. Schließlich bestimmt sich der Preis hier im Wesentlichen durch die unmittelbare Dienstleistungsarbeit von Menschen an Menschen.

Alloheim stand wegen offensichtlicher Pflegemängel wiederholt in der Kritik (das Unternehmen selbst sah »wenige bedauerliche Einzelfälle«). In Ludwigsburg und Simmerath bei Aachen verfügte die jeweilige Heimaufsicht die Schließung von Alloheim-Einrichtungen, die das Unternehmen nur durch den kurzfristigen Verkauf der Heime abwendete. An anderen Standorten beklagten Beschäftigte oder Bewohnerinnen beziehungsweise Bewohner immer wieder öffentlich Missstände, so beispielsweise in Bremen, Hannover, Assenheim (Hessen), Bredstedt (Schleswig-Holstein) und Berlin.[12] Solche Klagen gibt es nicht nur über Alloheim. Der europaweit größte und in Deutschland viertgrößte von einer Beteiligungsgesellschaft geführte Pflegebetreiber Orpéa etwa hat 2022 in Frankreich einen Skandal ausgelöst. Nachdem unhaltbare Zustände in seinen Pflegeheimen öffentlich geworden waren, bestätigte kurze Zeit später eine Untersuchungskommission der französischen Regierung die Vorwürfe in weiten Teilen: Es habe nicht nur einen

Mangel an Personal, sondern auch verbreitete Mängel in der Ernährung und Pflege von Bewohnerinnen und Bewohnern gegeben.[13]

Während der Corona-Pandemie waren Bewohnerinnen und Bewohner von Altenheimen die am meisten gefährdete Gruppe. Nicht unerheblich war allerdings, in welcher Einrichtung sie lebten: So war in Hessen der Anteil Corona-Toter in von Beteiligungsgesellschaften geführten Pflegeheimen höher als in anderen privaten, gemeinnützigen und öffentlichen Einrichtungen. Eine Erhebung der Universität Waterloo kam 2021 für Kanada zum gleichen Ergebnis.[14] Und eine Untersuchung aus den USA wies 2021 in eine ähnliche Richtung: Wer in einem von einer Beteiligungsgesellschaft geführten Heim lebt, ist gefährdeter, in die Notaufnahme oder ins Krankenhaus zu kommen als jemand, der in einer anderen privaten Einrichtung lebt.[15]

Allerdings beschränken sich Qualitätsprobleme nicht auf von Beteiligungsgesellschaften geführte Einrichtungen, sie sind vielmehr auch bei regulären privaten Pflegeanbietern überdurchschnittlich häufig. Das zeigt nicht zuletzt eine Kleine Anfrage in der Bremer Bürgerschaft. Sie ergab 2022, dass die Zahl behördlich festgestellter Mängel in privaten Pflegeeinrichtungen die in gemeinnützigen weit übersteigt – obwohl es im Land Bremen weniger private Anbieter gibt.[16] Eine Studie aus den USA zeigte 2021, dass Pflegeanbieter nach einem Wechsel von einer gemeinnützigen Trägerschaft in eine profitorientierte ihre Personalkosten senken. Gerade die Stellen gut ausgebildeter Pflegefachkräfte werden abgebaut, weil sie teurer sind. Nun ist das hierzulande zwar dank strikterer Personalvorgaben so nicht möglich. Allerdings wies 2016 eine Studie auch für Deutschland nach, dass die Qualität profitorientierter Pflegeheime geringer ist. In vier von sechs Kriterien schnitten sie schlechter ab als Einrichtungen, die nicht an Gewinn orientiert sind.[17] Zudem drängen gerade die privaten Pflegearbeitgeber politisch darauf, einen Teil der Pflegefachkräfte durch Hilfskräfte ersetzen zu können.[18]

Nicht nur bei der Qualität, sondern auch bei der Bezahlung ihrer Beschäftigten fallen private Pflegeanbieter im Durchschnitt hinter ihre gemeinnützigen und öffentlichen Wettbewerber zurück. Diese Erfahrung hat auch Jasmin Frehm gemacht: »Die privaten Anbiete bezahlen in der Regel einen geringeren Lohn. Die kirchlichen und öffentlichen Arbeitgeber zahlen besser.«

Die Wurzeln dessen liegen in der Einführung der Pflegeversicherung 1995. Die Zulassung privater Anbieter und die entfesselte Konkurrenz ging zu Lasten der Löhne und des Personals:[19] Wer weniger Menschen einstellt und diese schlechter bezahlt, hat Vorteile gegenüber seinen Wettbewerbern. Tarifverträge brachen weg und wurden immer kleinteiliger; selbst gemeinnützige sowie öffentliche Anbieter lagerten unter Konkurrenzdruck bestimmte Bereiche wie Küche und Reinigung an Billigfirmen aus. Dass dies auf Dauer der ganzen Branche schadet, ist offensichtlich. Tatsächlich blieben die Löhne deutlich hinter denen anderer Berufe zurück.

Seit einigen Jahren versucht die Politik nun, die Geister wieder zurückzudrängen, die sie einst rief. Allerdings beseitigt sie nicht die Grundübel – Konkurrenz und Privatisierung. 2002 wurden einrichtungsinterne Qualitätssicherungs-Managements und regelmäßige Leistungs- und Qualitätsnachweise verpflichtend. Seit 2008 prüft und benotet der Medizinische Dienst Pflegeeinrichtungen, das System gilt allerdings als wenig aussagekräftig. Zwei Jahre später wurde ein Pflege-Mindestlohn eingeführt; insbesondere ab 2017 stieg er deutlich an. Ab Mitte der 2010er Jahre wurde die Refinanzierung von Tariflöhnen durch die Pflegekassen erleichtert.

2021 sollte ein für alle Anbieter verbindlicher Tarifvertrag die Entlohnung in der Altenpflege weiter stärken, was an dem katholischen Arbeitgeber Caritas scheiterte. Die Bundesregierung kündigte daraufhin an, die Bezahlung nach Tarifvertrag zum Zulassungskriterium für Pflegeanbieter zu machen. Auch führte sie ein Personalbemessungsverfahren für stationäre Pflegeeinrichtungen ein. Einen verbindlichen Personalschlüssel mit Mindestvorgaben stellt dieses allerdings nicht dar. Es gewährleistet daher nicht, dass Pflegeeinrichtungen genug und ausreichend qualifiziertes Personal vorhalten. Und was die Bezahlung nach Tarifvertrag angeht, blieb es bei einem Lippenbekenntnis. Denn der Gesetzgeber räumte den Arbeitgebern die Möglichkeit ein, sich lediglich an Tarifverträgen zu orientieren oder gar gemäß einem »regional üblichen Entlohnungsniveau« zu bezahlen. Für letzteres warben insbesondere die privaten Arbeitgeber. Beides hat zur Folge, dass die Bezahlung und die Arbeitsbedingungen deutlich unter dem Niveau des Tarifvertrags bleiben können. Arbeitgeber dürfen sich weiterhin vor Tarifbindung drücken, was zwei Drittel der bis dahin nicht an Tarifverträge gebundenen Pflegebetriebe auch tun. Die meisten davon sind private. Einen einheitlichen Tariflohn in der Altenpflege, der Voraussetzung wäre für ein Ende der Schmutzkonkurrenz in dieser Branche, wird es so nicht geben.[20]

Gleichwohl waren die Bemühungen der Gewerkschaft ver.di und der Politik, die Löhne in der Altenpflege anzuheben, nicht ohne Erfolg. So stiegen die mittleren Entgelte von vollzeitbeschäftigten Fachkräften der Altenpflege zwischen 2012 und 2022 um 52 Prozent auf 3.611 Euro brutto. Bei Helferinnen und Helfern stiegen sie um 57

Prozent auf 2.635 Euro. Beide Anstiege waren deutlich überdurchschnittlich; Vollzeitbeschäftigte in der Altenpflege erhalten heute sogar einen höheren Lohn als andere Fachkräfte beziehungsweise Helferinnen und Helfer im Schnitt.[21]

Allerdings sind die Anforderungen und die fachliche Verantwortung in der Altenpflege besonders groß. Vergleicht man das mittlere Entgelt in der Altenpflege deshalb nur mit dem in ähnlich anspruchsvollen Berufen, so fällt die Bezahlung nur noch unterdurchschnittlich aus.[22] Zudem liegt das mittlere Entgelt von Altenpflegekräften noch immer deutlich hinter dem in der Krankenpflege. Und das Problem, dass bei privaten Anbietern sowie bei ambulanten Diensten nur unterdurchschnittlich bezahlt wird, ist nach wie vor ungelöst. Zudem reicht der Lohn in der Altenpflege offenbar noch immer nicht aus, um ausreichend Personal zu gewinnen. Die Zahl der offenen Stellen überschreitet die der arbeitssuchenden Pflegekräfte seit Langem deutlich. Und der Fachkräftebedarf wird noch ansteigen: Bis 2040 werden geschätzt bis zu 560.000 zusätzliche Beschäftigte in der Altenpflege gebraucht.[23]

Jasmin Frehm: »Das Thema Tod spielt eine Rolle. Wenn ich mich verabschiedete mit ›Tschüss, bis morgen‹ oder so, dann kamen manchmal Antworten wie: ›Wenn ich dann noch da bin…‹. Ab achtzig Jahren aufwärts fiel schon mal der Satz: ›Wenn ich doch nur sterben könnte.‹ Oder wenn jemand Nahestehendes gestorben ist: ›Warum er – und nicht ich?‹

Ich versuchte dann immer, das Schöne am Leben aufzuzeigen, verwies etwa auf Kinder und Enkel. Oder auf Haustiere. Oder ich erwähnte schöne Momente. Oder wenn der Partner schon verstorben war: ›Der Helmut würde sagen, was willst du denn schon hier?‹ Manchmal lachten sie dann.

Vor Jahren hatte ich einen Klienten, der an Krebs erkrankt war. Viele Metastasen, bettlägerig. Eines Morgens kam ich in die Wohnung. Als ich in das Zimmer trat, lag er auf dem Boden. Ich fühlte den Puls – tot. Er muss aus dem Bett gefallen sein oder aufgestanden und sich dabei das Genick gebrochen haben, sagte der Notarzt. Für mich war das schlimm, denn ich mochte den Mann sehr. Ich bin da gerne hingegangen. Es kam bisher zum Glück nicht oft vor, dass ich Menschen tot aufgefunden habe.«

Nach zwanzig Jahren hat Jasmin Frehm 2023 ihre Tätigkeit in der Altenpflege beendet: »Ich betreue und begleite nun junge Erwachsene mit geistigen und körperlichen Behinderungen.« Sie schätze sehr, wie respektvoll in ihrer neuen Einrichtung mit diesen Menschen umgegangen werde – »anders als in der Altenpflege.« Der Stellenschlüssel sei zudem sehr viel besser, das Arbeiten entspannter, die Tätigkeiten vielfältiger. »Ich bereue es nicht, dass ich diesen Schritt gegangen bin«, sagt Frehm.

Endnoten

1 Sozialstation Burladingen (2024) »Geschichte der Sozialstation«, https://sozialstation-burladingen.de/index.php/about-us/geschichte-der-sozialstation# (Abruf 03. Januar 2024).
Dück, J. (2021) »Soziale Reproduktion in der Krise«, Weinheim, Basel: Beltz.

2 Naegele, G. (2014) »20 Jahre Verabschiedung der Gesetzlichen Pflegeversicherung«, in: *WISO Diskurs* 2 (2014).

3 AOK/WIdO (2023) »Einrichtungseinheitliche Eigenanteile (EEE), Unterkunft und Verpflegung sowie Investitionskosten ohne Berücksichtigung der nach Wohndauer gestaffelten Leistungszuschläge, https://www.wido.de/fileadmin/Dateien/Dokumente/Forschung_Projekte/Pflege/Abb5_EEE_insg_vor_43c_2023_06_30.png (Abruf 04. Januar 2023).

4 Statistisches Bundesamt (2023) »Zahl der Beschäftigten in ambulanten Pflegediensten binnen 20 Jahren mehr als verdoppelt«, https://www.destatis.de/DE/Presse/Pressemitteilungen/2023/05/PD23_N029_23.html (Abruf 03. Januar 2024).

5 Auffenberg, J. / Becka, Denise et al. (2022) »Ich pflege wieder, wenn... «, https://www.arbeitnehmerkammer.de/fileadmin/user_upload/Downloads/Politik/Rente_Gesundheit_Pflege/Bundesweite_Studie_Ich_pflege_wieder_wenn_Langfassung.pdf (Abruf 03. Januar 2024).

6 Alloheim (2024) »Die Geschichte von Alloheim«, https://www.alloheim.de/ueber-uns/geschichte (Abruf 01. Januar 2024). Star Capital (2024) »Portfolio«, https://www.star-capital.com/portfolio/alloheim.html (Abruf 01. Januar 2024).
Carlyle (2013) »The Carlyle Group Acquires Alloheim, a German Healthcare Operator«, https://www.carlyle.com/media-room/news-release-archive/carlyle-group-acquires-alloheim-german-healthcare-operator (Abruf 01. Januar 2024).
Albert, Christine (2017) »Nordic Capital macht mit White & Case das Rennen um Alloheim«, https://www.juve.de/deals/seniorenresidenzen-nordic-capital-macht-mit-white-case-das-rennen-um-alloheim/ (Abruf 01. Januar 2024).
Hartung, Thomas (2023) »Alloheim überholt Korian im Ranking der Pflegeheimbetreiber«, https://www.carevor9.de/care-inside/alloheim-ueberholt-korian-im-ranking-der-pflegeheimbetreiber (Abruf 01. Januar 2024).

7 Bourgeron, T. / Metz, C. / Wolf, M. (2021) »Private-Equity-Investoren in der Pflege«, Berlin.
Li, A. / Gerrard, J. (2023) »Aufkaufen, ausbeuten, weiterziehen: Wie Finanzinvestoren die Pflege ausschlachten«, https://gegenblende.dgb.de/-/Uly (Abruf 01. Januar 2024).

8 Destatis (2021) »Pflegeheime, Verfügbare Plätze: Deutschland, Stichtag, Träger«, Tabelle 22412-0002, https://www-genesis.destatis.de/genesis//online?operation=table&code=22412-0002#astructure (Abruf 01. Januar 2024).

9 Schumann, H. / Schmidt, N. (2021) »Das Milliardengeschäft Altenpflege«, https://www.tagesspiegel.de/gesellschaft/heime-als-gewinnmaschinen-fur-konzerne-und-investoren-5114386.html (Abruf 01. Januar 2024).

10 Destatis (2021) »Ambulante Dienste, Pflegebedürftige: Deutschland, Stichtag, Träger«, Tabelle 22411-0001, https://www-genesis.destatis.de/genesis//online?operation=table&code=22411-0001#astructure (Abruf 01. Januar 2024).

11 Heger, D. (2023) »Pflegeheim Rating Report 2024: Wirtschaftliche Lage deutscher Pflegeheime hat sich leicht verbessert, Personal wird zunehmen knapp«, https://www.rwi-essen.de/presse/wissenschaftskommunikation/pressemitteilungen/detail/pflegeheim-rating-report-2024-wirtschaftliche-lage-deutscher-pflegeheime-hat-sich-leicht-verbessert-personal-wird-zunehmen-knapp (Abruf 03. Januar 2024).

12 Neurohr, W. (2022) »Wann entzieht die Heimaufsicht den Alloheim-›Heuschrecken‹ endlich die Betriebserlaubnis?«, https://www.lokalkompass.de/haltern/c-politik/wann-entzieht-die-heimaufsicht-den-alloheim-heuschrecken-endlich-die-betriebserlaubnis_a1796542 (Abruf 01. Januar 2024).
Binkowski, R. (2018) »Das System Alloheim: Rendite um jeden Preis«, https://www.stuttgarter-nachrichten.de/inhalt.recherche-mit-zdf-frontal-21-zum-pflegekonzern-alloheim-das-system-alloheim-rendite-ueber-alles.e1b4211d-70f3-474f-ad15-6d4c03bf7d04.html (Abruf 01. Januar 2024).

13 Sell, S. (2023) »Was ist eigentlich aus den ›Totengräbern‹ geworden? Frankreich möchte den Orpea-Konzern verklagen«, https://aktuelle-sozialpolitik.de/2022/03/28/orpea-skandal-in-frankreich/ (Abruf 01. Januar 2024).

14 Evers, J. / Geraedts, M. (2023) »Gefährdung von Bewohner:innen und Personal in Private-Equity-Pflegeheimen während der COVID-19-Pandemie«, https://www.egms.de/static/en/meetings/dkvf2023/23dkvf194.shtml (Abruf 01. Januar 2024).
August, M. (2022) »Securitising Seniors Housing: The Financialisation of Real Estate and Social Reproduction in Retirement and Long-Term Care Homes«, in: *Antipode* 54/3, S. 653–680.

15 Braun, R. / Jung, H. / Casalino, H. / Myslinksi, Z. / Unruh, M. (2021) »Association of Private Equity Investment in US Nursing Homes with the Quality and Cost of Care for Long-Stay Residents«, in: *JAMA Health Forum* 2.

16 Bremische Bürgerschaft (2022) »Kommerzialisierung des Pflegesektors: Auswirkungen, Strukturen, Qualität«, Drucksache 20/1548.

17 Niehaus, I. (2021) »Schlechtere Versorgungsqualität durch Privatisierung von Pflegeheimen«, https://observer-gesundheit.de/schlechtere-versorgungsqualitaet-durch-privatisierung-von-pflegeheimen/ (Abruf 01. Januar 2024).
Geraedts, M. / Harrington, C. / Schumacher, D. / Kraska, R. (2016) »Verhältnis zwischen Qualität, Preis und Profitorientierung deutscher Pflegeheime«, https://www.zefq-journal.com/article/S1865-9217(16)30029-0/pdf (Abruf 01. Januar 2024).

18 Plank, L. / Volmary, H. et al. (2023) »Shareholder-orientierte transnationale Investoren in der kritischen sozialen Infrastruktur«, Wien: Arbeiterkammer.

19 Ebd.

20 Evans, M. / Szepan, N. (2023) »Über den Applaus hinaus«, https://archiv.gg-digital.de/2023/04/ueber-den-applaus-hinaus/index.html (Abruf 02. Januar 2024).

21 Carstensen, J. / Seibert, H. / Wiethölter, D. (2023) »Entgelte von Pflegekräften 2022«, https://doku.iab.de/arbeitsmarktdaten/Entgelte_von_Pflegekraeften_2022.pdf (Abruf 02. Januar 2024).

22 Auffenberg, J. / Becka, Denise et al. (2022) »Ich pflege wieder, wenn…«, https://www.arbeitnehmerkammer.de/fileadmin/user_upload/Downloads/Politik/Rente_Gesundheit_Pflege/Bundesweite_Studie_Ich_pflege_wieder_wenn_Langfassung.pdf (Abruf 03. Januar 2024).

23 Heger, D. (2023) »Pflegeheim Rating Report 2024: Wirtschaftliche Lage deutscher Pflegeheime hat sich leicht verbessert, Personal wird zunehmen knapp«, https://www.rwi-essen.de/presse/wissenschaftskommunikation/pressemitteilungen/detail/pflegeheim-rating-report-2024-wirtschaftliche-lage-deutscher-pflegeheime-hat-sich-leicht-verbessert-personal-wird-zunehmen-knapp (Abruf 03. Januar 2024).

VII – »Hummeln, die nicht fliegen«

Jobcenter

Das Projekt war eine Chance für die junge Sozialforscherin und politische Aktivistin: Es war spannender als die Marktforschung, mit der sie üblicherweise ihren Lebensunterhalt bestritt. Und es war politisch interessant. Dass ihre Studie allerdings als Meilenstein der Sozialforschung in die Geschichte eingehen würde, das dürfte Marie Jahoda so wenig geahnt haben wie ihre Mitautoren Paul Lazarsfeld und Hans Zeisl oder die anderen Beteiligten.

Marienthal liegt ungefähr 30 Kilometer südlich vom Zentrum Wiens. Ein Industriedorf: gemauerte Werksgebäude mit klaren geometrischen Linien, Schornsteine, helle Wohnhäuser mit offenen Gängen aus dunklem Holz für Arbeiterinnen und Arbeiter. 1929 hatte der einzige Arbeitgeber des Dorfs, eine große Textilfabrik, seine Tore endgültig geschlossen. Die Arbeitslosigkeit schnellte in die Höhe. Wegen der kurz darauf ausgebrochenen Weltwirtschaftskrise sollte sie für viele Jahre auch nicht wieder zurückgehen.

Jahoda war gerade Mutter geworden, als sie und ihre Forschungsgruppe 1931 nach Marienthal kamen. Die Anregung dazu hatte ihnen ein führender österreichischer Sozialdemokrat gegeben, Otto Bauer. Er verfolgte dabei ein politisches Interesse, das die jungen Leute teilten: Wie wirkte sich Arbeitslosigkeit auf die Menschen und das Zusammenleben im Dorf aus? Würde sie, wie es damals viele befürchteten und viele andere erhofften, zu Unruhe und Rebellion führen?[1]

Jahodas Forschungsgruppe erhob umfangreiche Daten. Sie verzeichnete zum Beispiel detailliert die Lebensverhältnisse und Einkünfte aller 478 Familien Marienthals. Sie ließ sich von 32 Männern und 30 Frauen die Lebensgeschichte erzählen. Sie ließ Schulaufsätze schreiben und organisierte Gewinnspiele, Turnkurse für

Mädchen, Schnittzeichenkurse und ärztliche Sprechstunden. Sie protokollierte Weihnachtsgeschenke, Mitgliedschaften in Vereinen, das Gehverhalten von Passantinnen und Passanten, Entleihungen aus der Bibliothek, Umsätze des lokalen Handels und vieles mehr. Vierzig Familien führten Buch über ihr Mittagessen. Es war eine enorme Menge an Information, die so zusammenkam.

Das Ergebnis der Studie konnte eindeutiger kaum ausfallen: Das Elend führte keineswegs dazu, dass Arbeiterinnen und Arbeiter rebellierten. Sie resignierten stattdessen, verzweifelten oder wurden sogar apathisch. Die Not hatte die Menschen zermürbt. Die Dorfgemeinschaft nahm Schaden: Was nicht die eigene Person und Familie betraf, verlor an Bedeutung. Beispielsweise gingen Mitgliedschaften in Vereinen zurück – jene ausgenommen, die beim Überleben im Elend halfen. Der Kampf ums Dasein verdrängte den politischen Kampf. Die Zahl der Anzeigen wegen Sozialbetrugs stieg an – besonders jene, die sich als haltlos erwiesen.[2]

Sabine Granitzki ist Personalratsvorsitzende im Jobcenter einer deutschen Großstadt. »Wir sind eines der größeren Jobcenter der Republik«, teilt Granitzki mit, die eigentlich anders heißt. »Dabei haben wir kein eigenes Personal, sondern unsere Mitarbeiterinnen und Mitarbeiter werden von der Bundesagentur für Arbeit und der Stadt gestellt.«

Ein paar Jahre hat sie als »persönliche Ansprechpartnerin« im direkten Kontakt Menschen beraten und begleitet. »Meine Seele hängt aber am Personalrat, zudem bin ich als Gewerkschafterin aktiv. Seit einigen Jahren bin ich als Personalrätin freigestellt. Da bekommt man einen guten Überblick darüber, was im Jobcenter passiert oder nicht passiert«, sagt Granitzki.

Jobcenter sind für die Bezieherinnen und Bezieher des Bürgergelds zuständig. Sie zahlen die Leistung aus, die früher Arbeitslosengeld II beziehungsweise Hartz IV hieß. Auch vermitteln sie erwerbsfähige Empfängerinnen und Empfänger von Bürgergeld an mögliche Arbeitgeber. Und nicht zuletzt fördern sie Maßnahmen zur beruflichen Eingliederung und Weiterbildungen.

Als Sozialistin und Jüdin musste Marie Jahoda Österreich 1937 verlassen. Sie ging zunächst nach Großbritannien. 1938 führte sie in Wales ein Projekt über arbeitslose Bergarbeiter durch. 1945 siedelte sie bis Ende der 1950er Jahre in die USA über. Das war eine Zäsur: Politische Aktivistin war sie fortan nicht mehr, sondern nur noch Wissenschaftlerin – wenn auch mit politischem Bewusstsein. Sie wurde Professorin für Psychologie an der New York University. Zurück in England, erhielt sie 1962 eine Professur für Psychologie und Sozialwissenschaften in Uxbridge. Von 1965 bis zu ihrer Emeritierung 1973 übte sie eine Professur für Sozialpsychologie an der Universität Sussex aus.[3]

Zu Arbeit und Arbeitslosigkeit forschte Jahoda in dieser Zeit kaum. Das änderte sich mit dem Anstieg der Arbeitslosenzahlen ab den 1970er Jahren. Erneut stellte sie sich die Frage, mit der in Marienthal einst alles anfing: Was macht Arbeitslosigkeit mit den Betroffenen?

In der politischen und medialen Debatte jener Zeit spielte diese Frage hingegen keine Rolle. Hier ging es darum, den Arbeitslosen Schuld zuzuschieben. *Der Spiegel* etwa schrieb 1977 in seiner Titelstory »arbeitslos – arbeitsscheu?«: »Immer häufiger wird der Verdacht laut, daß viele der bei den Arbeitsämtern Registrierten eigentlich gar keinen Job suchen, sondern sich im enggeknüpften Netz der in dreißig Jahren Nachkriegsgeschichte erlassenen Sozialgesetze entspannen wollen. Von Parasiten ist da die Rede, von Arbeitsscheuen und Schmarotzern, die auf Kosten der Gemeinschaft sich ein geruhsames Leben einrichten.«[4]

Hier kehrt die spätmittelalterliche Unterscheidung zwischen würdigen und unwürdigen Armen wieder. Unaufgeregte Stimmen – wie die Jahodas – hatten es schwer durchzudringen.

25 Jahre später war es der zuständige Bundesminister selbst, der mit ähnlichen Thesen wie *Der Spiegel* um sich warf. In einer Publikation seines Hauses mit dem Titel »Vorrang für die Anständigen« schrieb Wolfgang Clement (damals SPD) über Arbeitslose: »Biologen verwenden für Organismen, die zeitweise oder dauerhaft zur Befriedigung ihrer Nahrungsbedingungen auf Kosten anderer Lebewesen – ihren Wirten – leben, übereinstimmend die Bezeichnung ›Parasiten‹.«[5] Menschen ohne Arbeit seien also Parasiten.

Über Arbeitslose ist schnell geschimpft. Aber noch so drastische Geschmacklosigkeiten machen derlei Aussagen nicht richtiger. Denn Arbeitslosigkeit entsteht nicht durch Faulheit, sondern wenn Unternehmen nur unzureichend Arbeitskräfte nachfragen. Im Kapitalismus steigt die Zahl der Arbeitsplätze nicht, wenn sich Arbeitslose besonders um diese bemühen. Deren Zahl steigt, wenn Unternehmen mehr produzieren wollen und dafür Menschen einstellen. Was sie nur tun, wenn sie diese Mehrproduktion verkaufen können. Dreh- und Angelpunkt des Ganzen ist also die Aussicht der Unternehmen auf Profite, nicht das Bemühen und der Fleiß der Arbeitssuchenden.

Ein großer Teil der Erwerbslosen nimmt nach kurzer Zeit wieder eine Beschäftigung auf. Und die meisten anderen haben ein Problem, vermittelt zu werden: etwa ein fehlender Berufs- oder Schulabschluss, psychische Probleme oder sprachliche Schwierigkeiten. Hiergegen helfen passende Maßnahmen und Unterstützung – nicht Beschimpfungen.

Gleichwohl sind selbst die Jobcenter vor negativen Sichtweisen auf Arbeitslose nicht gefeit. »Der Gang zu uns stigmatisiert die Menschen«, sagt Sabine Granitzki, »das merkst Du auch in Deiner täglichen Arbeit. Und Du merkst es, wenn Du Dritten von Deinem Beruf berichtest. Das falsche und schlechte Bild von Menschen ohne Arbeit ist stets präsent.« Die meisten ihrer Kolleginnen und Kollegen übten ihren Beruf gleichwohl gut und gerne aus; für sie zähle der Mensch. »Es gibt aber auch Kolleginnen und Kollegen, die denken, die Leute ziehen ihnen das Geld aus der eigenen Tasche. Die haben oft eine Haltung, bei der ich denke: ›Oh je, Augen auf bei der Berufswahl‹«, fährt die Personalrätin fort.

Beschimpfungen von Erwerbslosen in Politik und Medien verfolgen Zwecke: Sie entlasten Gesellschaft und Politik von der Verantwortung dafür, Teilhabe an Erwerbsarbeit zu ermöglichen. Sie lassen vergessen, dass Arbeitslosigkeit an Märkten entsteht. Sie machen diejenigen ängstlich und gefügig, die noch Arbeit haben. Und sie rechtfertigen Druck und Schikanen.

Besonders zum Tragen kam das in jenen Reformen, die die Jobcenter in ihrer heutigen Form überhaupt erst schufen: den

Hartz-Reformen Mitte der 2000er Jahre. Arbeitslosen- und Sozialhilfe hatten SPD und Grüne zum neuen »Arbeitslosengeld II« zusammengelegt. Zudem erhöhten sie den Druck auf Langzeiterwerbslose, eine Beschäftigung aufzunehmen: Es gab nun empfindlichere Strafen bei angeblichem oder tatsächlichem Fehlverhalten, die »Sanktionen« genannt wurden. Man rutschte schneller als vorher nach unten. Für mehr als die Hälfte der Betroffenen bedeutete die neue Sozialleistung weniger Geld als zuvor. Nicht mehr der Schutz am Arbeitsmarkt, sondern das Hineinpressen in diesen stand nun im Vordergrund.[6]

Mit den Hartz-Reformen entfiel das Recht auf Beschäftigung im erlernten Beruf. Fast jeder Job galt nun als zumutbar, auch ein schlechter. »Die Qualität der Jobs, in die vermittelt wird, spielt keine Rolle«, erzählt Granitzki aus der Praxis der Jobcenter. Es werde nur darauf geachtet, ob der Mindestlohn eingehalten werde – und sittenwidrig dürfe das Angebot auch nicht sein.

Diverse Urteile des Verfassungsgerichts und die Umbenennung des »Arbeitslosengeldes II« in »Bürgergeld« ab 2023 haben an alldem nichts Grundsätzliches geändert. Und auch die Unterstellung, dass Menschen ohne Arbeit an ihrem Elend selbst schuld seien, ist nicht aus der Welt. Hingegen spielt in Politik und Öffentlichkeit nach wie vor kaum eine Rolle, was Jahoda seit den 1970er Jahren erneut erforschte: die Folgen von Arbeitslosigkeit für die Betroffenen und die Gesellschaft.

Erwerbsarbeit ist wichtig, weil sie finanzielle Sicherheit geben kann. Wer genug verdient, kann am materiellen Wohlstand teilhaben. Aber Arbeit, argumentiert Jahoda in einem Text aus den 1980er Jahren, erfülle für Menschen auch jenseits des Gelderwerbs wichtige

Funktionen: Sie strukturiere den Alltag in Zeitabschnitte, ermögliche soziale Kontakte außerhalb des engen persönlichen Umfelds, ermögliche Teilhabe an gesellschaftlicher Arbeitsteilung, ermögliche soziale Integration und binde Menschen an die Wirklichkeit. Ohne all dies könne die psychische Gesundheit Schaden nehmen.[7]

Tatsächlich sind die negativen gesundheitlichen Folgen von Arbeitslosigkeit mittlerweile gut belegt. Arbeitslose weisen eine höhere Sterblichkeit auf, sind häufiger krank und weisen mehr gesundheitliche Beschwerden auf als der Rest der Bevölkerung. Insbesondere ihre psychische Gesundheit ist schlechter.[8]

Mehr Bemühen um Arbeit hilft dabei nicht – jedenfalls nicht, wenn passende Arbeitsplätze fehlen. Denn viele Arbeitslose entwickeln ein Bewusstsein dafür, stigmatisiert zu werden. Sie werten sich selbst ab, ihre Leistungen werden schlechter, sie isolieren sich, verlieren ihren Antrieb. Das erschwert wiederum die Jobsuche, was ebenso wie wiederholte Arbeitslosigkeit und der Zwang zur (erfolglosen) Arbeitssuche das Problem verschärft. Psychische Probleme von Arbeitslosen sind also nicht nur eine Folge der Arbeitslosigkeit und der gesellschaftlichen Verachtung, sondern auch der gescheiterten Versuche, diese Arbeitslosigkeit zu beenden.[9]

Sabine Granitzki: »Im Jobcenter gibt es Fälle, die sind so bekannt, dass sie sich im ganzen Haus herumsprechen. Von so einem will ich berichten. Ein junger Mann hatte Kollegen beleidigt, mehrfach Hausverbot bekommen, auch die Polizei war schon hier. Irgendwann heiratete er. Wegen seines geänderten Nachnamens – die

Zuständigkeiten waren nach Anfangsbuchstaben verteilt – kam er zu mir. Seine Frau bekam ein Kind, es ging ihm gut. Da er einen Führerschein hatte, sprach er davon, einen Gebrauchtwagen besorgen und Kurierfahrer werden zu wollen. Das bekamen wir hin.

Überhaupt hatte er sein Leben gut im Griff. Aufgrund eines dramatischen Unfalls, an dem er indirekt Schuld hatte, wurde ihm von seiner Frau der Kontakt zu seinem Kind entzogen. Er ist total abgesackt. Hat wieder randaliert, die Arbeit verloren, Schulden beim Jobcenter nicht zurückgezahlt, Psychiatrie, Knast. Kann denn eine Scheißgeschichte nicht mal gut enden?«

Der Kurierfahrer konnte durch seine Selbständigkeit den Lebensunterhalt nicht erwirtschaften: »Sein Verdienst war begrenzt. Er hatte weiter Leistungen bekommen, von seinem eigenen Einkommen konnte er nicht leben«, berichtet Sabine Granitzki.

Bürgergeld erhalten nicht nur Arbeitslose, sondern auch Erwerbstätige, die zu wenig verdienen. Faktisch subventioniert das Jobcenter hier einen nicht existenzsichernden Job durch Steuergeld. Und das ist kein Einzelfall. Paketdienste, Lieferdienste und Reinigungsunternehmen beispielsweise, die gerne solche Selbständigen für sich arbeiten lassen, profitieren regelmäßig davon. Viele Arbeitgeber reiben sich die Hände: Der Staat entlastet sie davon, existenzsichernde Arbeitsverhältnisse anzubieten, indem er kleine Einkommen aufstockt.[10]

Das ist keineswegs der einzige Mechanismus, durch den die öffentliche Hand unsichere Arbeit, kurze Teilzeit- und Minijobs sowie schlechte Löhne befördert. Der zweite ist die Höhe des Bürgergelds selbst. Sozialverbände und Gewerkschaften kritisieren seit langem, dass der sogenannte Regelsatz zum Leben nicht reicht. In der Tat sind die dort vorgesehenen Ausgaben absurd niedrig. 2023 erhielt eine alleinstehende Person 1,81 Euro für Bildung, 19,16 Euro für Gesundheitspflege, 48,98 Euro für Freizeit und Kultur sowie 45,02 Euro für Verkehr. Die insgesamt 502 Euro bedeuten ein Leben auf niedrigstem Niveau. Denn dazu kommen nur noch die Kosten für »angemessene« Miete und Heizung.

Derart geringe Regelsätze und der Druck, fast jede Arbeit anzunehmen, lassen schon schlecht bezahlte Jobs interessant erscheinen.

In der öffentlichen und medialen Diskussion aber spielt das keine Rolle. Im Gegenteil: Wann immer inflationsbedingt eine Erhöhung der Regelsätze ansteht, jammern Liberale, Konservative und Arbeitgeber in großer Einhelligkeit, dass sich Arbeit nun nicht mehr lohne. Viele, die arbeiten, hätten am Ende weniger oder kaum mehr als jemand, der nicht arbeite, behaupten sie dann. Der bayerische Ministerpräsident und CSU-Parteichef Markus Söder etwa gab derlei 2022 und 2023 bei fast jeder sich bietenden Gelegenheit zum Besten. CDU-Chef Friedrich Merz, der CDU-Wirtschaftsrat, FDP-Chef und Finanzminister Christian Lindner, die Arbeitgeber des Gast- und des Reinigungsgewerbes und viele andere taten es ihm gleich. Was sie unterschlagen: Durch die sogenannte Aufstockerei und weitere Sozialleistungen – wie das jüngst ausgeweitete Wohngeld – lohnt sich Erwerbsarbeit immer.

Umgekehrt wird ein Schuh draus: Ohne den Druck, fast jede Arbeit anzunehmen, mit einem entsprechend hohen Regelsatz und ohne die Aufstockerei wären die Arbeitgeber gezwungen, höhere Löhne zu zahlen.

Es mutet da schon seltsam an, dass Söder im November 2022 auf X, vormals Twitter, Berufsgruppen aufzählte, die durch ein höheres Bürgergeld angeblich das Nachsehen hätten: »Kassiererinnen, Friseurinnen, Busfahrer, Polizeimeister«. Seltsam ist das, weil ihnen allen ein niedrigeres Bürgergeld keinen Cent mehr brächte. Was ihnen hingegen wirklich nützen würde, wären höhere Einkommen. Die forderte Söder aber nicht.

Sabine Granitzki hat viele Menschen betreut, denen sie nicht helfen konnte. Das sei ein Grund gewesen, weshalb sie irgendwann nicht mehr als persönliche Ansprechpartnerin arbeiten wollte. »Es ist bitter, wenn man 17-Jährige vor sich hat, deren Lebensweg vorgezeichnet ist«, sagt Granitzki, »junge Leute mit gescheiterter Sozialisation. Ich denke da zum Beispiel an einen früheren Kunden. Eigentlich ein pfiffiger Kerl, aber trotz aller Bemühung und Unterstützung hat er keinen Schulabschluss erreicht.« Im Elternhaus habe sich niemand wirklich für ihn interessiert. Ein Familienpfleger, der in der Familie war, habe Granitzki gesagt: »Wissen sie, ich habe mit ihm erst einmal geübt, was Zeit ist.« Der junge Mann habe kein Gefühl dafür gehabt, was eine Woche oder ein Jahr bedeuten. »Als Betreuerin im Jobcenter siehst du ihn vielleicht alle zwei Monate mal für eine Stunde, wenn es gut läuft«, fährt Granitzki fort, »da kannst Du nicht auffangen, was an sozialen und emotionalen Problemen entstanden ist. Mit 17 war er dann arbeitslos, hat sich um seine Mutter gekümmert. Sie war Messie. Seine Zukunft sah düster aus.«

Zeit und Zeitgefühl: Schon Marie Jahodas Forschungsgruppe in Marienthal widmete beidem breiten Raum. Achtzig Personen notierten ihre Beschäftigung während eines Tages. Die Auswertung der Bögen für ihre Zeitverwendung zeigte: Die zeitliche Ordnung in dem ereignisarmen Ort brach immer mehr weg, je länger die Arbeitslosigkeit andauerte. Insbesondere die Männer hatten Schwierigkeiten, überhaupt noch echte Tätigkeiten zu benennen. Das Kapitel »Zeit« leitete Jahoda, die den größten Teil davon verschriftlichte, wie folgt ein: »Wer weiß, mit welcher Zähigkeit die Arbeiterschaft seit den Anfängen ihrer Organisation um die Verlängerung der Freizeit kämpft, der könnte meinen, daß in allem Elend der Arbeitslosigkeit die unbegrenzte freie Zeit für den Menschen doch ein Gewinn sei. Aber bei näherem Zusehen erweist sich diese Freiheit als tragisches Geschenk. Losgelöst von ihrer Arbeit und ohne Kontakt mit der Außenwelt, haben die Arbeiter die materiellen und moralischen Möglichkeiten eingebüßt, die Zeit zu verwenden.«

Hummeln sind gar wunderliche Tiere. Das Wunderlichste ist für manche, dass sie überhaupt fliegen. Seit den 1930er Jahren wird kolportiert, dass die dicklichen Insekten viel zu kleine Flügel hätten, um überhaupt fliegen zu können – das wüssten sie aber nicht und flögen trotzdem. Dass das Märchen von den zu kleinen Flügeln längst widerlegt ist, hält diverse Coaches nicht davon ab, es wieder und wieder zu erzählen. Sie legen es in ihrem Sinne aus: Wer nur die richtige Einstellung habe, der mache Unmögliches möglich.

Dem Jobcenter Darmstadt muss das gefallen haben. 2014 beauftragte es den Berliner Motivationscoach Thorge Lorenzen damit, Leistungsempfängerinnen und -empfängern die richtige innere Einstellung zu vermitteln: nicht zaudern, nicht denken, sondern machen – wie die Hummel! Das sollte es auch Teilnehmenden »mit multiplen Vermittlungshemmnissen« ermöglichen, »nach kurzer Zeit wieder in Arbeit zu gehen«. Oder hätten sie schreiben sollen: »in Arbeit zu fliegen?« Eine örtliche Initiative gewerkschaftlicher Arbeitsloser jedenfalls bezeichnete das Seminar als teuer, kindisch, bevormundend, esoterisch und protestierte am Veranstaltungsort.[11]

Solche von den Jobcentern finanzierten Maßnahmen stehen immer wieder in der Kritik. Und zwar keineswegs nur seitens der Betroffenen. Selbst der Bundesrechnungshof kritisierte mehrfach die Maßnahmen. 2018 etwa nahm er stichprobenartig die Vergabe von 617 Plätzen in 35 Kursen unter die Lupe. Sein Fazit: Die Jobcenter verteilten diese »planlos« und berücksichtigten die »Belange der Leistungsberechtigten« nicht ausreichend.[12]

Ein Beispiel, das Furore machte: Die Teilnehmerin einer Maßnahme in Niedersachsen bekam 2019 Grundschulaufgaben im Fach Deutsch vorgelegt, Du-Anrede in der Aufgabenstellung eingeschlossen. »Wörter mit z oder tz – Schreibe unter jedes Bild das passende Wort. Vorsicht, nicht jedes Wort wird mit tz geschrieben!« Es folgten diverse Bildchen, etwa ein Kreuz, ein Herz, ein Blitz. Der Fall wurde bekannt, weil die Tochter der Betroffenen ein Foto der Unterlagen auf Twitter veröffentlichte. Darauf angesprochen, zeigte eine Pressereferentin der Bundesagentur für Arbeit Verständnis für die Kritik. Sie betonte allerdings, dass nicht die Jobcenter, sondern externe Träger für die Maßnahmen verantwortlich seien.[13]

An dieser Schutzbehauptung wird ein Grundproblem deutlich: Mit den Hartz-Reformen führte die Bundesregierung verpflichtende Ausschreibungen für Maßnahmen ein. Jobcenter müssen ihre Weiterbildungsseminare und Bewerbungstrainings nun vom günstigsten Anbieter durchführen lassen. Er zählt der Preis. Ob ein Anbieter in der Vergangenheit seriös gearbeitet hat, spielt keine Rolle mehr. Und die Qualität der Maßnahmen ist schwieriger zu kontrollieren.

Auch für die Arbeitsbedingungen des pädagogischen Personals in solchen Maßnahmen haben Ausschreibungen Folgen. Personalrätin Sabine Granitzki hält den Markt für problematisch. »Bei uns sind das überwiegend Sozialverbände und ein paar kleinere Vereine«, sagt Granitzki, »die stehen in Konkurrenz zueinander und müssen billiger sein als die anderen. Und das bei Projekten, die zeitlich befristet sind. Die Träger stellen daher oft nur befristet Arbeitskräfte ein.« Die Monatsgehälter für vollzeitbeschäftigtes Personal in solchen Maßnahmen sanken infolge der Hartz-Reformen auf teils deutlich unter 1.900 Euro. Noch Mitte der 2000er Jahre waren 2.200 Euro bis 3.400 Euro üblich. Auch deshalb wurde 2012 ein Tarifvertrag für das pädagogische Personal in Arbeitsmarktmaßnahmen für allgemeinverbindlich erklärt. Dieser gewährleistet gleichwohl nicht mehr als einen Mindestlohn für die Branche.[14]

Ein weiteres Problem: Die eingekauften Maßnahmen müssen belegt werden – auf Teufel komm raus. »Es gibt Kundinnen und Kunden, die müssen permanent Maßnahmen machen, weil wir die bestellten Maßnahmen belegen müssen«, fährt Granitzki fort,

»auch wenn die nichts bringen.« Die Beschäftigten der Jobcenter stünden dabei unter Druck. »Da werden Zielvorgaben formuliert und über die Hierarchie bis zu uns heruntergebrochen«, fügt Granitzki hinzu. Wobei das Pendel aktuell in die entgegengesetzte, nicht weniger problematische Richtung ausschlägt: Die Bundesregierung kürzt den Jobcentern und der Bundesagentur für Arbeit massiv Gelder. Im Ergebnis dürften die angebotenen Arbeitsmarktmaßnahmen drastisch zurückgefahren werden – selbst dort, wo sie sinnvoll sind. Und das, obwohl Qualifizierung mit dem Bürgergeld doch eigentlich gestärkt werden soll.

Druck durch Zahlen und Zielvorgaben gibt es auch jenseits der Maßnahmen. So etwa durch Integrationsquoten, die den Anteil der in Arbeit vermittelten Leistungsempfängerinnen und empfänger angeben. Oder durch Vorsprachequoten, die den Anteil der Personen messen, mit denen Gespräche geführt wurden. Granitzki: »Die Geschäftsführung muss bei der Regionaldirektion der Bundesagentur für Arbeit zu Gesprächen antanzen und möchte natürlich glänzen. Und entsprechend wird von den Beschäftigten der Jobcenter erwartet, dass sie ihre Zahlen bringen. Das ist ein richtiger Zahlenfetischismus. Wir haben hier mehrere regionale Niederlassungen. Da wird dann auch zwischen diesen verglichen – nach dem Motto: ›Das Jobcenter X ist schon wieder abgekackt in den Zahlen, was ist denn da los?‹« Dann müsse die entsprechende Hausleitung strammstehen. Ähnliche Vergleiche zwischen den Jobcentern gebe es auch bundesweit. »Die Beschäftigten haben manchmal das Gefühl, sie arbeiten nur für eine Statistik«, sagt die Personalrätin.

Hinzu komme ein permanenter Personalmangel. Er verschärfe den Druck, der auf den Beschäftigten laste. »Wir haben zu wenig

Stellen und zu wenig Personal«, teilt Granitzki mit, »aktuell sind zahlreiche Stellen unbesetzt. Und wir haben eine wahnsinnige Fluktuation, ständig viele neue Kollegen. Ihnen fehlt die Routine, was die Arbeit für alle nochmal belastender macht.«

Angesichts des Zeitdrucks und Personalmangels greifen viele Beschäftigte zu Umgehungslösungen. Sie tricksen, um die Zahlen zu schönen. Da gebe es verschiedene Möglichkeiten, berichtet Granitzki: »Man kann etwa Kunden anrufen, nach ihrem Befinden und dem Erfolg der Jobsuche fragen und das als Beratungsgespräch eintragen.« Oder man lade nur die Kundinnen und Kunden ein, von denen man weiß, dass sie auftauchen. »Auch mit bestimmten Arbeitgebern kann man seine Integrationsquote erhöhen. Sie stellen permanent Beschäftigte ein und entlassen sie wieder«, sagt Granitzki.

Übel für die Betroffenen, aber schön für die Statistik. Wie im Übrigen auch das: Wer in einer Maßnahme steckt, ganz gleich ob sinnvoll oder nicht, gilt in dieser Zeit nicht als arbeitslos.

»Kundinnen und Kunden« hießen die von den Jobcentern Betreuten seit den Hartz-Reformen. Sabine Granitzki kritisiert das: »Ich komme ja aus dem Sozialamt. Da hieß es Klientinnen und Klienten. Ich finde den Kundenbegriff absurd.« Mit einem Kunden oder einer Kundin bewege man sich auf Augenhöhe. »Im Jobcenter aber gibt es ein klares Oben-Unten-Verhältnis, eine Hierarchie zwischen Staat und Bürgerin beziehungsweise Bürger«, sagt Granitzki.

Mit Einführung des Bürgergelds ist die viel geschmähte Bezeichnung »Kundin« beziehungsweise »Kunde« Geschichte. Die Qualifizierung für eine langfristige Integration in Arbeit soll im Vordergrund stehen; die Leistungsbeziehenden sollen gezielter in ihren persönlichen Lebenslagen unterstützt werden. Dass damit auch die Hierarchie zwischen Behörde und Mensch Geschichte ist, darf allerdings bezweifelt werden.

Endnoten

1 Neurath, P. (1991) »Die Arbeitslosen von Marienthal. Geschichte und Ergebnisse einer grundlegenden Untersuchung«, https://ams-forschungsnetzwerk.at/downloadpub/marienthal.pdf (Abruf 18. Oktober 2023).

2 Jahoda, M. / Lazarsfeld, P. / Zeisel, H. (1975) »Die Arbeitslosen von Marienthal«, Frankfurt/Main: Suhrkamp.

3 Fleck, C. / Müller, A. (1998) »Marie Jahoda (geb. 1907). Lebensnähe der Forschung und Anwendung in der wirklichen Welt«, in: Honegger, C. und Wobbe, T. (Hrsg.) *Frauen in der Soziologie. Neun Portraits*, München: Beck, S. 258–285.

4 Anonym (1977) »Arbeitslos – feines Leben auf fremde Kosten?«, *Der Spiegel*, 16. Mai 1977.

5 Bundesministerium für Wirtschaft und Arbeit (2005) »Vorrang für die Anständigen – Gegen Missbrauch, ›Abzocke‹ und Selbstbedienung im Sozialstaat«, Berlin.

6 Knuth, M. / Kaps, P. (2014) »Arbeitsmarktreformen und Beschäftigungswunder in Deutschland«, in: *WSI-Mitteilungen* 3, S. 173–181.
Dörre, K. (2013) »Das neue Elend. Zehn Jahre Hartz-Reformen«, in: *Blätter für deutsche und internationale Politik* 3, S. 99–107.

7 Jahoda, M. (1983) »Wieviel Arbeit braucht der Mensch? Arbeit und Arbeitslosigkeit im 20. Jahrhundert«, Weinheim: Beltz.

8 Paul, K. / Zechmann, A. / Moser, K. (2016) »Psychische Folgen von Arbeitsplatzverlust und Arbeitslosigkeit«, in: *WSI Mitteilungen* 5, S. 373–380.
Kroll, L. / Müters, S. / Lampert, T. (2015) »Arbeitslosigkeit und ihre Auswirkungen auf die Gesundheit«, in: *Bundesgesundheitsblatt* 59, S. 228–237.

9 Lang, S. / Gross, C. (2019) »Einflussfaktoren auf das Stigmabewusstsein Arbeitsloser«, in: *Zeitschrift für Soziologie* 48, S. 243–262.

10 Anonym (2023) »Erwerbstätige Leistungsempfänger*innen im SGB II 2007 – 2022«, https://www.sozialpolitik-aktuell.de/files/sozialpolitik-aktuell/_Politikfelder/Arbeitsmarkt/Datensammlung/PDF-Dateien/abbIV81b.pdf (Abruf 03. Dezember 2023).

11 Raika, Reinhard (2014) »›Machen Sie es wie die Hummel‹«, https://www.politnetz-darmstadt.de/node/1417 (Abruf 27. Oktober 2023).

12 Anonym (2018) »Millionengeschäft mit Kursen für Arbeitslose – Jobcenter unter Druck«, https://www.welt.de/wirtschaft/article174895356/Bundesrechnungshof-Millionengeschaeft-mit-Kursen-fuer-Arbeitslose-Jobcenter-unter-Druck.html (Abruf 27. Oktober 2023).

13 Stiegelmayer, J. (2019) »Hartz IV: Erniedrigender Grundschultest löst Empörung aus«, https://www.augsburger-allgemeine.de/politik/Hartz-IV-Hartz-IV-Erniedrigender-Grundschultest-loest-Empoerung-aus-id53277391.html (Abruf 27. Oktober 2023).

14 ver.di (2012) »Allgemeinverbindlicher Mindestlohn in der Aus- und Weiterbildung tritt in Kraft«, https://www.verdi.de/presse/pressemitteilungen/++co++35cdd92e-daeb-11e1-77a4-0019b9e321e1 (Abruf 03. November 2023). Bis zu den Hartz-Reformen war eine Bezahlung nach Bundesangestelltentarif üblich, meist nach Entgeltgruppe IIa.

VIII – »Zum sozialen Frieden beigetragen«

Wohnen

Hans-Otto Kraus ist Wohnungsmanager der alten Schule, seit einigen Jahren im Unruhestand. Als studierter Architekt war er lange Technischer Geschäftsführer in verschiedenen kirchlichen und kommunalen Wohnungsunternehmen, zuletzt bei der GWG Städtische Wohnungsgesellschaft München. Noch heute kann er den Wohnungsbau nicht lassen – und baut eine kleine Wohnungsgenossenschaft mit auf.

Sein Interesse am gemeinwohlorientierten Bauen habe auch mit seiner Kindheit zu tun, so Kraus: »Ich bin in Schwabach bei Nürnberg aufgewachsen, in einer Siedlung für Flüchtlinge und Kriegsversehrte, wie es damals hieß. Es waren alles Sozialwohnungen. Das war meine Kindheit, meine soziale Prägung, in einer gemischten Bewohnerschaft.« Als Kind habe er sich da sehr wohlgefühlt. »Aufgrund der Wohnsituation, wir waren zehn Kinder, hielten wir uns vorwiegend auf der Straße und den Freiflächen auf«, so Kraus, »dort hatten wir unsere Kontakte, dort spielten wir. Es war immer knapp mit dem Platz im Haus – die Mutter war froh, wenn wir aus dem Haus waren. Wir schliefen in Stockbetten zu viert in einem Zimmer mit minimaler Möblierung.« So habe er erlebt, wie wichtig das Wohnen für soziale Integration sei, für die soziale Stimmigkeit in einer Stadt beziehungsweise in einem Quartier.

Hinzu komme, dass sein Vater damals Technischer Geschäftsführer beim Evangelischen Siedlungswerk in Bayern gewesen sei. Bei dem Unternehmen hat Kraus später als dessen Nachnachfolger selbst zu arbeiten begonnen. »Auch er war Architekt«, erzählt Kraus. »Ich habe ihm als Kind immer über die Schulter gesehen, wenn er zu Hause Pläne gezeichnet hat. Es hat mich fasziniert, dass daraus später richtige Gebäude geworden sind. Mit sechzehn oder siebzehn Jahren stand für mich der Entschluss fest, selbst Architekt zu werden.« Sein Interesse am sozialen Wohnungsbau habe sich dann im Studium entwickelt, zum Beispiel durch die Beschäftigung mit der »Borstei« in München.

Wohnungen schützen nicht nur vor Kälte und Unwetter. Häuser sind mehr als ein bloßes Dach über dem Kopf. Sie sind Lebensmittelpunkt und schaffen ein soziales Umfeld. Sie sind zumeist auch Voraussetzung dafür, einen Arbeitsplatz bekommen und behalten zu können. Und nicht zuletzt hängen Lebenschancen, Lebensqualität und Gesundheit von Wohnbedingungen und Wohnort ab. Es gibt also viele Gründe für den Sozialstaat, sich des Wohnens anzunehmen.

2018 gab es in Deutschland fast 42 Millionen Wohnungen, Einfamilienhäuser mitgerechnet. Etwas weniger als die Hälfte davon waren selbstgenutzt, also von den Eigentümerinnen und Eigentümern bewohnt. Etwas mehr als die Hälfte waren Mietwohnungen. Im europäischen Vergleich ist das recht viel. Der Anteil vermieteter Wohnungen sinkt hierzulande allerdings seit Jahren.

Etwa zwei Drittel der Mietwohnungen gehören privaten Kleinvermieterinnen und Kleinvermietern: Ede Schmitt und Pia Meier, Menschen wie Du und ich – mit dem nicht ganz so kleinen Unterschied, dass sie eine, zwei oder vielleicht zehn Wohnungen zu vermieten haben. Edes und Pias sind auf dem Land stärker vertreten als in den Städten; in Westdeutschland stärker als in Ostdeutschland.

Etwa 13 Prozent der Mietwohnungen gehören privaten Wohnungsunternehmen. Das mit Abstand größte ist so bekannt wie umstritten: Vonovia. Jede zehnte Mietwohnung gehört einem öffentlichen Unternehmen.[1] Die meisten davon sind kommunal, also mehrheitlich im Eigentum von Gemeinden, Städten oder Kreisen. Etwa 9 Prozent der Mietwohnungen gehören Genossenschaften.

Am Hungertuch nagen Ede, Pia und Vonovia nicht. Die Mieten in neuen Verträgen stiegen in den größeren deutschen Städten zwischen 2010 und 2022 um fast 60 Prozent.[2] Umziehen wird so immer teurer – weshalb viele Haushalte in unpassenden oder zu großen Wohnungen bleiben. Die Mieten in bestehenden Verträgen wuchsen weniger stark, ihr Plus entsprach deutschlandweit in etwa der Inflation. Was ein geringer Trost ist für die, die eine neue Wohnung brauchen. Zumal es in bestimmten Quartieren bei bestehenden Mieten deutliche Anstiege gab und gibt. Vielerorts werden Mieterinnen und Mieter verdrängt. Maßnahmen zur Regulierung der Mieten – wie Mietpreisbremse oder Mietspiegel – helfen da offenbar nur eingeschränkt.

Wer seinen ersten Wohnsitz mietet, besitzt in der Regel kein nennenswertes Vermögen – und schon gar keine Immobilien. Und je kleiner das Einkommen, desto eher wird zur Miete gewohnt. Aller staatlichen Förderung zum Trotz werden die meisten dieser Haushalte finanziell nie in der Lage sein, Wohneigentum zu kaufen. Zugleich ist ihre Belastung durch die Mietkosten umso größer (bei kleinerer Wohnfläche pro Kopf), je geringer ihr Einkommen ausfällt.

Von den Mieten der ärmeren und mittleren Haushalte profitieren die, die Wohnimmobilien besitzen und vermieten. Und das sind recht wenige Personen, Fonds und Unternehmen. Etwa drei von vier der durch Privathaushalte vermieteten Wohnungen entfallen auf die 10 Prozent mit dem größten Vermögen. Und nur etwa 2 bis 3 Prozent aller Haushalte verzeichnen Mieteinkünfte von mehr als 1000 Euro pro Monat (ohne Abzug der Kosten).[3] Das bedeutet: Die ärmere Hälfte finanziert den Vermögensaufbau einer kleinen Gruppe Reicher. Anders als häufig behauptet, ist damit auch privates Immobilieneigentum Treiber der sozialen Ungleichheit.

Der frühere Fabrikarbeiter Sinhold liegt wieder im Bett. Seit fünfzehn Wochen ist er schon krank. Sein Körper vom Krieg zerschunden. Seine Frau an Epilepsie erkrankt und arbeitslos. Der Großteil der Kleidung verkauft. Die Webstühle im Zimmer längst verpfändet. Eine Weile hatten diese noch für ein kleines Einkommen gesorgt. Nur die »Krankensuppe« des Krankenvereins hält die Sinholds noch am Leben. Den monatlichen Taler von der Armendirektion kassiert der Hausverwalter, ohne dass der Mietrückstand dadurch kleiner würde: Am 1. April wird zwangsgeräumt.

Das berichtete 1843 ein junger Schweizer in Bettina von Arnims »Dieses Buch gehört dem König«.[4] Er hatte zahlreiche Haushalte in einer Berliner Armensiedlung aufgesucht und mit den Menschen gesprochen. In der Stadt lebten damals ungefähr so viele wie heute in Wuppertal. Und Berlin wuchs und wuchs und wuchs. Auf der Suche nach Arbeit und Einkommen kamen immer mehr Menschen in die Städte. Es rauchten die Schlote. Es wuchs das Elend. An Wohnraum mangelte es, von gesunden Wohnverhältnissen ganz zu schweigen.

Der Architekt Carl Wilhelm Hoffmann, aus dem beschaulichen Harz nach Berlin gekommen, wollte nicht tatenlos zusehen. Nachdem 1841 sein Häuserbauverein noch gescheitert war, gründete er 1847 das erste gemeinnützige Wohnungsunternehmen Deutschlands. König Friedrich Wilhelm IV. öffnete dafür seine private Schatulle, Prinz Wilhelm übernahm die Schirmherrschaft.[5] Der Industrielle August Borsig trat bei und der Naturforscher Alexander von Humboldt ebenso. Andere Reiche und Mächtige taten es ihnen gleich.

Wohnen war für diese Herren allerdings keine soziale Frage. Es war eine Frage der Moral und der öffentlichen Ordnung: Nur Arbeiterfamilien in guten Wohnungen würden sittlich-anständig leben und nicht rebellieren, glaubten sie.[6] Solche gemeinnützigen Wohnungsunternehmen entstanden nach und nach im ganzen Deutschen Reich. Hinzu kamen Genossenschaften, die auf dem Prinzip der Selbsthilfe beruhten.

Ab dem späten 19. Jahrhundert begann der Staat, gemeinnützigen Wohnraum zu unterstützen. Mit Geldern der neu geschaffenen Rentenversicherung etwa wurden ganze Siedlungen errichtet. Aufgrund der Vielzahl an Ländern im Deutschen Reich entstand ein undurchsichtiges Sammelsurium an Steuererleichterungen und Maßnahmen. Industrielle bauten Wohnungen für ihre Arbeiter, weniger aus sozialer Verantwortung als zur Kontrolle der Belegschaft. Staatliche Gelder versüßten ihnen die Investitionen.

Mit der staatlichen Förderung bildeten sich die Grundzüge der Wohngemeinnützigkeit heraus: Der Staat unterstützt bezahlbaren Wohnraum, der dauerhaft der breiten Bevölkerung mit kleinem und mittlerem Einkommen zugänglich ist. Die Gewinne der

Wohnungsunternehmen werden beschränkt, nicht ausgeschüttete Gelder wieder in Wohnraum investiert. Trotz der anfänglich wenig sozialen Motive wurde die Wohngemeinnützigkeit das wichtigste Instrument für leistbares Wohnen – in Deutschland und Österreich, aber auch in anderen Ländern.

Die Wohngemeinnützigkeit konnte in Deutschland für das Wohnen so wichtig werden, weil das Dickicht an Regelungen im Laufe des 20. Jahrhunderts vereinheitlicht wurde. Hinzu kam, dass auch öffentliche Institutionen selbst im gemeinnützigen Wohnungsbau aktiv wurden, allen voran die Städte, Gemeinden und Landkreise. Gezwungenermaßen, muss man angesichts der Wohnungsnot nach dem Ersten Weltkrieg sagen.[7]

So manches Städteoberhaupt zeigte sich kreativ. Der Münchner Oberbürgermeister Karl Scharnagl flog 1926 eigens nach New York, wo er seinen dortigen Amtskollegen Jimmy Walker zur Bierverkostung in die bayerische Hauptstadt einlud. Ein aussichtsreicher Vorschlag, war Walker doch ein Lebemann, der zwar so manchen politischen Termin, aber kaum eine Party verpasste.[8] Eine verbindliche Zusage für den gemeinsamen Umtrunk hatte Scharnagl bei seiner Rückreise nicht im Gepäck – aber einen Kredit über 8,9 Millionen Dollar des Bankhauses Harris, Forbes & Co. Mit diesem Geld – und einem kleineren Kredit aus London – startete München ein Wohnungsbauprogramm.

Zwar hatte die Stadt angesichts der Wohnungsnot nach dem Ersten Weltkrieg die Gemeinnützige Wohnstättengesellschaft (GWG) gegründet. Bei der späteren GWG Städtische Wohnungsgesellschaft wird Hans-Otto Kraus arbeiten. Die GWG aber baute zunächst nicht selbst, sondern förderte und begleitete private

Projekte. 1924 stellte sie ihre Aktivitäten aufgrund der Inflation ein. 1935 wurde sie dann für den Wohnungsbau wiederbelebt. Die Nazis hatten da Scharnagl längst aus dem Amt gedrängt.[9]

München war keine Ausnahme: Ein großer Teil der kommunalen Wohnungsunternehmen hat seine Wurzeln in den Jahren der Weimarer Republik 1918 bis 1933.[10] Die Gründung der Unternehmen war wie in München oft umstritten. Kleinvermieter befürchteten Konkurrenz und wehrten sich mit liberaler und konservativer Hilfe dagegen. Die grassierende Wohnungsnot war aber ohne kommunalen Wohnungsbau nicht zu beheben. Und der war gemeinnützig. Kommunale gemeinnützige Unternehmen traten damit neben private und genossenschaftliche. Ab den 1920er Jahren gründeten zudem Gewerkschaften gemeinnützige Wohnungsunternehmen.[11]

Mit dem sozialen Wohnungsbau etablierte die Bundesrepublik nach dem Zweiten Weltkrieg ein weiteres Förderinstrument. Unternehmen erhielten Mittel, wenn sie bezahlbaren Wohnraum schufen. Die Bezahlbarkeit der Mieten war und ist dabei zeitlich befristet – anders als bei der Wohngemeinnützigkeit. Der soziale Wohnungsbau ergänzte die Gemeinnützigkeit, richtete sich aber stärker an bedürftige Haushalte. Gemeinnützige Unternehmen nutzten dieses Instrument am häufigsten: 1949 bis 1990 bauten sie jede fünfte Wohnung, aber mehr als die Hälfte aller Sozialwohnungen.[12]

Auch die Münchner kommunalen Wohnungsunternehmen stiegen in den sozialen Wohnungsbau ein. Die Grundlagen dafür schuf wiederum Scharnagl. Nachdem die Nazis gestürzt wurden, war er erneut Oberbürgermeister.

Der gemeinnützige Wohnungsbau war ein Erfolgsmodell, gerade in Verbindung mit dem sozialen. »Der gemeinwohlorientierte

Wohnbau hat in Deutschland zum sozialen Frieden beigetragen«, sagt Hans-Otto Kraus, »der gesamte Wiederaufbau nach dem Zweiten Weltkrieg wäre ohne den sozialen und gemeinnützigen Wohnungsbau überhaupt nicht möglich gewesen.« Dennoch geriet die Wohngemeinnützigkeit vor allem in den 1980er Jahren zunehmend in die Kritik. Sie galt nun vielen als zu teuer, zu marktfeindlich, zu sozialstaatlich.[13] Der Skandal um die gewerkschaftseigene Neue Heimat spielte den Kritikerinnen und Kritikern in die Hände: Ab 1982 versank das größte gemeinnützige Wohnungsunternehmen in einem Sumpf aus Korruption und Misswirtschaft. Mit der Gemeinnützigkeit hatte das zwar nichts zu tun. So sprach sich der Untersuchungsausschuss des Bundestags zur Neuen Heimat dafür aus, die Wohngemeinnützigkeit zu erhalten.[14] Doch bedächtige Stimmen wie diese fanden immer weniger Gehör.

So war es nur noch ein Lippenbekenntnis, als Bauminister Oscar Schneider (CSU) am 6. Oktober 1987 den anwesenden Vertreterinnen und vertretern des Verbands Bayerischer Wohnungsunternehmen sagte, man dürfe die Wohngemeinnützigkeit nicht alleine unter finanzpolitischen Gesichtspunkten betrachten. Denn nur vier Tage später entschied die damalige Bundesregierung von CDU/CSU und FDP, sie abzuschaffen.

Zu den schärfsten Kritikern der Wohngemeinnützigkeit hatte zuvor der Bundesverband der Deutschen Industrie gehört. Viele seiner Mitgliedsunternehmen hatten mit staatlichen Subventionen Millionen Werkswohnungen gebaut. Die wollten sie nun profitabel loswerden – das Gemeinnützigkeitsrecht aber verbot den Verkauf an Nicht-Gemeinnützige. Mit dessen Abschaffung war der Weg ins globale Immobiliencasino frei. Und möglich wurden damit auch

Privatisierungen: Profitorientierte Fonds und Unternehmen konnten die ehemals gemeinnützigen Wohnungen von Bund, Ländern, Städten und Gemeinden kaufen.

Die abgeschaffte Gemeinnützigkeit hatte selbst Konsequenzen für Sozialwohnungen. Denn diese sind nur für einen begrenzten Zeitraum – etwa zwanzig oder dreißig Jahre – an soziale Zwecke gebunden. Nach Ablauf dieser Frist müssen sie nicht mehr zu günstigen Preisen an Bedürftige vermietet werden. Da in der frühen Bundesrepublik ein Großteil der Sozialwohnungen von Gemeinnützigen gebaut wurde, war dies zunächst nicht problematisch: Wohngemeinnützigkeit schreibt ja niedrige Mieten vor, sodass gemeinnützige Sozialwohnungen weiter preisgünstig angeboten wurden, nachdem die Bindung auslief. Mit der Wohngemeinnützigkeit wurde dieses Auffangnetz abgeschafft, sodass die Eigentümer sie nach und nach zu Marktpreisen vermieten konnten. Die Zahl der Sozialwohnungen sank zwischen 1986 und 2021 von etwa 3,4 Millionen auf knapp eine Million.[15]

Hans-Otto Kraus: »Viele Kaufleute in den Vorständen waren der Meinung, dass die Dinge in den Wohnungsunternehmen vorwiegend kaufmännisch geregelt werden müssten. Die Techniker seien eben ein lästiges Beiwerk, weil man ohne sie nicht bauen könne. Diese Philosophie habe ich mit Vehemenz zu bekämpfen versucht. Deshalb habe ich nur dann eine Stelle angetreten, wenn ich mit den Kaufleuten im Vorstand auf Augenhöhe agieren konnte. Das ist in vielen Unternehmen aber leider nicht die

Regel. Eine kaufmännische Lufthoheit ist von vielen Gesellschaftern gewollt, weil sie meinen, dass die Architekten sonst zu viel Geld ausgeben. Ich habe hingegen immer auf eine Kooperation gedrängt, da beide Kernkompetenzen für den unternehmerischen Erfolg wichtig sind.

Alles in allem ist die inhaltliche Orientierung im Wohnungsbau für mich das Entscheidende gewesen. Bauen kann ich als Architekt an vielen Stellen. Aber die inhaltliche Orientierung in einem Unternehmen am Sozialen und am Gemeinwohl, die muss schon verankert sein. Sie muss eine für alle Mitarbeiterinnen und Mitarbeiter erkennbare Verpflichtung sein.«

Die Privatisierungen öffentlichen Wohnraums nach der abgeschafften Gemeinnützigkeit hatten verheerende Folgen. »Wenn das freie Spiel der Kräfte wirkt, dann können sich viele Bürgerinnen und Bürger das Wohnen nicht mehr leisten«, sagt Hans-Otto Kraus, »jedenfalls nicht das Wohnen auf einem Niveau, wie es einem reichen Land wie Deutschland angemessen ist.« Das angemessene Wohnen müsse daher vom Staat gesichert werden, genauso wie beispielsweise die Gesundheitsversorgung. Deshalb plädiert Kraus für Instrumente wie die Gemeinnützigkeit, für die soziale Wohnraumförderung und für öffentliche Wohnungsunternehmen.

»Soziale Ungleichheit kann der öffentliche und der soziale Wohnungsbau zwar nicht abschaffen«, fährt Kraus fort, »die Ungleichheit in der Gesellschaft bleibt ja, auch wenn Wohnungen bezahlbar sind. Aber es bedeutet soziale Gerechtigkeit, wenn Haushalte mit geringen Einkommen zum Beispiel in München die Chance haben, in einem schönen Viertel in der Stadt zu leben.«

Hinzu kommt: Nur wenn eine Kommune einen nennenswerten Teil des Wohnungsbestands auf ihrem Gebiet selbst besitzt, hat sie Einfluss auf den Markt und die Mieten. Genau das aber war spätestens in den 1990er Jahren nicht mehr erwünscht. Ohnehin galten private Unternehmen gegenüber öffentlichen als effizienter, investitionsfreudiger und innovativer.

Nun betraten Investoren aus dem In- und Ausland die Bühne. Guy Hands beispielsweise. Der Brite mit einem Hang zu spektakulären Investments wird von Freund und Feind als vieles gesehen: Star-Investor. Finanzhai. Visionär. Steuerflüchtling. Menschenfreund. Heuschrecke. Wie auch immer – man wird ihm seinen Riecher für gute Geschäfte nicht absprechen können.[16] Als Gründer und Kopf der Beteiligungsgesellschaft Terra Firma erwarb er 2001 von der damaligen rot-grünen Bundesregierung 64.000 Eisenbahner-Wohnungen. Es war der Grundstein für die Deutsche Annington. Die Übernahmen weiterer solcher Wohnungen sowie diverser Bestände von Städten, Gemeinden sowie Industrieunternehmen folgten. 2005 schluckte das Unternehmen die Viterra AG mit über 150.000 Wohnungen und wurde Marktführer in Deutschland. 2013 ging es an die Börse. 2014 verkaufte Terra Firma seine Anteile. Es folgten weitere kleinere und größere Hinzukäufe, immer häufiger von Finanzinvestoren, die ihrerseits öffentliche Bestände aufgekauft hatten. Dann erhielt das Unternehmen seinen heutigen Namen: Vonovia.[17] 2021 schluckte Vonovia die Nummer zwei am Markt, die Deutsche Wohnen.

Private Wohnungsunternehmen wie Vonovia gibt es mittlerweile viele. Sie heißen etwa LEG Immobilien, TAG Immobilien, Grand City Properties, Adler Real Estate oder Patrizia AG. Ihre Wohnungen stammen weit überwiegend aus den Beständen ehemaliger öffentlicher oder gemeinnütziger Unternehmen, errichtet zu einem großen Teil im Rahmen des sozialen Wohnungsbaus.

Die Privaten unterscheiden sich stark von den früheren Wohnungseignern: Ihr primäres Ziel sind Renditen, nicht bezahlbare Mieten. Eine Untersuchung des Bundesinstituts für Bau-, Stadt- und Raumforschung zeigte 2017: Spielräume, um Mieten zu erhöhen, nutzen die Privaten gerne vollständig aus. Gegenüber Maßnahmen zur sozialen Stadtpolitik zeigen sie sich oft wenig aufgeschlossen. Für ein stärkeres Engagement im Neubau lassen sie sich nur schwer gewinnen.[18] Und Tarifbindung sowie Mitbestimmung der Beschäftigten sind bei ihnen eher die Ausnahme.

Auf einen weiteren Punkt macht Hans-Otto Kraus aufmerksam: Als problematisch erachtete Mieterinnen und Mieter haben zu privatisiertem Wohnraum einen schwereren Zugang. »Man muss schon sehen, dass es schwierige Mieterinnen und Mieter gibt«, sagt er, »private Wohnungsunternehmen und auch Kleinvermieter sind oft damit überfordert, diese zu betreuen beziehungsweise mit ihnen umzugehen.« Wenn man wegen jedem schwierigen Haushalt die Welt untergehen sehe, dann sei man dafür einfach ungeeignet.

Der Weg zu profitablen Investments in Wohnraum wurde den Guy Hands dieser Welt politisch bereitet. Gemeinnützigkeit abschaffen war ein erster Schritt, dem Privatisierungen folgten. Kommunen verkauften Wohnungen als vermeintliches »Tafelsilber«. Der Bund, die Länder sowie Landesbanken trennten sich von Wohnungsbeständen. Die staatliche Bayerische Landesbank beispielsweise verkaufte 2013 unter CSU-Finanzminister Markus Söder ihre Immobilientochter GBW mit 33.000 Wohneinheiten. Die Stadt Kiel verscherbelte 1999 unter SPD-Oberbürgermeister Norbert Gansel ihre 11.000 Wohnungen für 22.700 DM (11.600 Euro) pro Stück. Diese Wohnungen gehören heute zu Vonovia.

Ähnliche Beispiele gibt es viele. Bund und Länder haben ihre Bestände fast vollständig privatisiert, 1999 bis 2017 insgesamt 470.000 Wohnungen. Bei den Kommunen waren es im gleichen Zeitraum 226.000. Und die tatsächlichen Verkäufe lagen sogar noch höher: Die Zahlen berücksichtigen nur Verkäufe von mehr als 800 Wohneinheiten.[19]

Kraus sagt dazu: »Die Privatisierungen erschütterten die deutsche Wohnungswirtschaft grundlegend. Selbst SPD-geführte Kommunen hatten ihre Gesellschaften verkauft, um Geld zu verdienen. Mit dem Verkauf ist ja nur kurzfristig Geld verdient worden, an der Einnahmestruktur der Haushalte hat sich aber nichts geändert. Es war also klar, dass nach ein paar Jahren die Kommunen wieder pleite sein würden. Und so kam es. Das war ja der Irrsinn dabei. « Und dann habe man festgestellt, dass die Städte gar keine Wohnungen mehr hatten, um beispielsweise Obdachlose oder schwierige Fälle unterzubringen. Sie konnten also Aufgaben gar nicht mehr erledigen, für die sie zuständig seien und blieben, so der Architekt.

Hans-Otto Kraus: »1999 wurde ich als Technischer Vorstand in die städtische Wohnungsbaugesellschaft Gewoge nach Aachen berufen.

Das war eine Aktiengesellschaft, bei der die Stadt Aachen die Mehrheit hielt, die Stadtsparkasse Aachen und verschiedene private Kleinanleger den Rest. Ich bin mit meiner Familie von Nürnberg nach Aachen gezogen, eigentlich um dort zu bleiben. Aber dann fing die Politik ein Jahr nach meiner Bestellung an, sich neu zu orientieren. Die Mehrheiten hatten von SPD und Grünen zu CDU und FDP gewechselt. Es kam die Überlegung auf, das Unternehmen zu verkaufen, um Gelder für den Stadtkämmerer locker zu machen.

Ich habe mich gemeinsam mit den Mitarbeiterinnen und Mitarbeitern gegen diese Privatisierung gewehrt. Mit meinem kaufmännischen Kollegen habe ich mich intensiv beraten, wie wir eine Alternative aufzeigen könnten. Dabei haben wir folgenden Vorschlag entwickelt: Wenn die Stadt die Firma behält, würden wir alles unternehmen, um stille Reserven für die Stadt nutzbar zu machen und trotzdem preiswerten Wohnraum zu sichern. Unser Konzept ist aber in der Schublade verschwunden. Die Politik hatte anders entschieden. Der Stadtrat war mehrheitlich der Meinung, dass man die stillen Reserven durch den Verkauf des Unternehmens heben müsse. Man wollte diese Entscheidung nicht revidieren. Das Verfahren wurde in Gang gesetzt, obwohl der Widerstand in der Bürgerschaft sehr groß war.

Für mich war das der Anlass, die Firma zu verlassen. Denn für so eine Aktion stand ich nicht zur Verfügung. Ich bin sozial orientierter Wohnungsbauer und nicht in die Wohnungswirtschaft eingestiegen, um möglichst viel Geld herauszuholen. Das kann man natürlich machen, man kann für die Kapitaleigner optimale Dividenden herausholen – aber das war nicht mein Plan. Zum Glück war meine Frau einverstanden, dass wir weggehen, und so habe ich nach vier Jahren meinen Vorstandsvertrag in Aachen gekündigt. Ich bin dann in einem kleineren Unternehmen, der Aufbaugemeinschaft Espelkamp in Ostwestfalen, als Alleingeschäftsführer berufen worden. Das war ein eindeutig gemeinwohlorientiertes Unternehmen.«

Ironie der Geschichte: Zur Privatisierung kam es in Aachen schließlich nicht – anders als in vielen anderen Städten. Ein Verfahrensfehler bei der Vergabe hat das verhindert. Noch heute ist die Gewoge ein öffentliches Unternehmen. »Meine Kolleginnen und Kollegen in den Vorständen anderer Wohnungsunternehmen reagierten unterschiedlich auf meinen Wechsel«, fügt Hans-Otto Kraus hinzu, »es gab Respekt, aber auch Unverständnis. Einige werteten Privatisierung als hilfreich, als neue unternehmerische Freiheit, die sie für unternehmerischen Erfolg nutzen wollten.«

Letzteres muss man sich auch in Osnabrück gedacht haben. In den frühen 2000ern wurde das dortige kommunale Wohnungsunternehmen privatisiert. Die Gegnerinnen und Gegner dieser Entscheidung scheiterten zuerst mit einem Versuch, das zu verhindern. Am Ende aber jubelten sie doch, und zwar am 26. Mai 2019 im nüchternen Ambiente des Seminarraums 204 des örtlichen Kulturzentrums Lagerhalle. Lange hatten sie für die Neugründung eines kommunalen Wohnungsunternehmens gekämpft – und waren um halb neun Uhr abends am Ziel: Die beim lokalen Bürgerentscheid benötigten 26.215 Ja-Stimmen waren erreicht. Am Ende der Auszählung waren es sogar 56.506 Menschen, die den Entscheid befürworteten. Drei von vier Wählerinnen und Wähler unterstützten das

Anliegen.[20] Die Aktiven des Osnabrücker Bündnisses für bezahlbaren Wohnraum ließen die Sektkorken knallen, nachdem sie zunächst bescheiden bei Mineralwasser aus Plastikbechern geblieben waren.

Mit einem so eindeutigen Ergebnis hätte Stefan Wilker nicht gerechnet. Für den Mitbegründer des Bündnisses war jener Abend in der Lagerhalle außergewöhnlich. »Wir hatten etwa so viele Ja-Stimmen bekommen wie Grüne, SPD und CDU bei der parallel stattfindenden Europawahl zusammen«, sagt Wilker, »dem Oberbürgermeister muss das an diesem Abend so die Stimmung verhagelt haben, dass er nicht einmal zum Anstandsbesuch zu uns heraufkam. Obwohl er sich bei seinen Leuten im Erdgeschoss aufhielt.«

Das Osnabrücker Bündnis aus Sozialverbänden, Mieterverein, Gewerkschaften, Initiativen und Parteien hatte die Abstimmung mit viel Engagement vorangetrieben. 2018 gründete es sich auf Initiative der globalisierungskritischen Attac-Gruppe mit dem Ziel, eine städtische Wohnungsgesellschaft durchzusetzen. Unterstützerinnen und Unterstützer sammelten zunächst 13.500 Unterschriften binnen sechs Monaten für ein Bürgerbegehren. Nötig gewesen wären etwa 10.000. Da die konservativ-liberale Mehrheit im Stadtrat das Anliegen ablehnte, kam es im Mai 2019 zum Bürgerentscheid. Das Bündnis gewann ihn.[21]

Die Stadt gründete das neue Unternehmen Wohnen in Osnabrück GmbH im Juli 2020 als Tochterunternehmen der Stadtwerke. Bis 2030 sollen 1.000 neue Wohnungen entstehen. Damit korrigierte das beschauliche Städtchen im Westen Niedersachsens eine frühere Entscheidung: 2002 hatte die damalige Ratsmehrheit von CDU und FDP den Verkauf der früheren städtischen

Wohnungsgesellschaft beschlossen, unterstützt vom damaligen SPD-Oberbürgermeister.[22] Die Wohnungen landeten auf Umwegen schließlich bei Vonovia. Zunächst vereinbarte Regelungen zum Schutz der Mieterinnen, Mieter und Beschäftigten sind zwischenzeitlich ausgelaufen.

Drastische Mieterhöhungen in Vonovia-Wohnungen fanden ihren Weg in die Lokalpresse. Und jeder fünfte Haushalt musste 2017 in Osnabrück mehr als 40 Prozent des Einkommens für seine Kaltmiete ausgeben. Um den zunehmenden Mangel an bezahlbarem Wohnraum zu beheben, fehlte der Stadt nun ein wichtiges eigenes Instrument. Auch deshalb ist die Diskussion um den Verkauf nie ganz abgeebbt – was zu dem eindeutigen Ergebnis beim Bürgerentscheid beigetragen haben dürfte.

Für Wilker ist Osnabrück jetzt wieder handlungsfähiger, aber man hätte in seinen Augen noch mehr machen müssen: »Vor allem müsste die neue Wohnungsgesellschaft wesentlich mehr bezahlbaren Wohnraum schaffen als geplant, um den tatsächlichen Bedarf zu decken. Und wir haben zum Schutz der Mieterinnen und Mieter hohe Hürden gegen eine spätere erneute Privatisierung verlangt. Etwa eine verpflichtende Bürgerbefragung vor einem Verkauf und dann die Rückübertragung aller Grundstücke an die Stadt.« Das Problem sei, dass zwar schnell verkauft und privatisiert werde – die Wiedergründung und der Wiederaufbau eines starken öffentlichen Wohnungsunternehmens aber viel Zeit und Geld kosteten. »Beim Stadtrat stießen wir mit unseren Forderungen auf taube Ohren, leider auch bei SPD und Grünen, die uns vorher unterstützt hatten«, so Wilker.

Osnabrück ist kein Einzelfall: Dresden, Kiel, der Landkreis Harburg und andere haben kommunale Wohnungsgesellschaften wieder oder neu gegründet. Was allerdings nichts daran ändert, dass der privatisierte Wohnraum aus sozialer Sicht verloren ist.

Wie schwer es ist, einmal privatisierte Wohnungen wieder unter öffentliche Kontrolle zu bekommen, zeigt nicht zuletzt die Berliner Kampagne Deutsche Wohnen und Co. enteignen. Im September 2021 gewann sie einen Volksentscheid, demzufolge die Berliner Wohnungen großer privater Wohnungsunternehmen zu enteignen und zu vergesellschaften seien. Der zunächst rot-rot-grüne, dann schwarz-rote Senat der Stadt verschleppt seitdem die Umsetzung des Volksentscheids. Dass eine von ihm selbst eingesetzte Kommission aus Expertinnen und Experten längst die Zulässigkeit der Enteignungen festgestellt hat, ficht ihn nicht an. Hier zeigen sich politische Widerstände und die Macht der Immobilienlobby, aber auch verbreitete, grundsätzliche Vorbehalte gegenüber dem Instrument der Vergesellschaftung.

Es war die Stadt des Elends. Des Hungers. Der Arbeitslosigkeit. Der Tuberkulose. Es war die Stadt der Wohnungsnot. Der viel zu kleinen, viel zu vollen, viel zu teuren Wohnungen. Der Kurzzeit-Schlafstätten. Der Obdachlosen.

Wien war nach dem Ersten Weltkrieg eine kaputte Stadt. Vielleicht wählten die Menschen dort deshalb sozialdemokratisch.[23] Jedenfalls regierte die Sozialdemokratie von 1919 bis zu ihrer gewaltsamen Entmachtung durch die extreme Rechte 1934; anfangs hatte sie eine Mehrheit von über 54 Prozent – und das war ihr schlechtestes Wahlergebnis in jener Zeit.

Durch einen starken Schutz der Mieterinnen und Mieter schaltete die rote Stadtregierung private Investoren aus. Für diese war mit Wohnungen schlicht kein Geld mehr zu verdienen. Sie verloren das Interesse. Stattdessen schuf die Stadtverwaltung ab 1923 selbst Wohnraum. Den Grund und Boden dafür konnte sie unter anderem deshalb günstig kaufen, weil der Mieterschutz für einen Verfall der Grundstückspreise sorgte. So entstanden mehr als 65.000 Gemeindebauten, die über 11 Prozent der Wienerinnen und Wiener ein bezahlbares Obdach gaben.

Heute gibt es wieder private und gewinnorientierte Vermieter. Doch noch immer gilt der Wiener Gemeindebau als vorbildlich. Österreich hat die Wohngemeinnützigkeit nie aufgegeben. Das Land zeigt damit, dass es anders geht. Heute sind 41 Prozent der Mietwohnungen im Land gemeinnützig, weitere 18 Prozent sind staatlich (davon drei viertel aus Wien). Besonders seit dem Jahr 2000 weiten die Gemeinnützigen den Neubau preisgünstiger Wohnungen stark aus – bei rückläufigen Neubauzahlen insgesamt. Im internationalen Vergleich sind die Mieten dank der Marktmacht der öffentlichen und gemeinnützigen Anbieter günstig, besonders in Wien. Die Durchschnittsmiete der Gemeinnützigen ist bei vergleichbaren Wohnungen etwa 2,30 Euro pro Quadratmeter niedriger als die der gewinnorientierten Wohnungsunternehmen.[24]

Um diese Errungenschaften ist man in Österreich mittlerweile besorgt, und in Wien ganz besonders. Weshalb sich Wien seit Jahren die Hacken in Brüssel abläuft. Die Stadtverwaltung organisierte 2012 und 2014 jeweils eine Ausstellung zum Wiener Wohnbau in der europäischen Hauptstadt. 2013 stieß der damalige Wiener Bürgermeister Michael Häupl (SPÖ) eine Resolution europäischer

Bürgermeister für den sozialen Wohnungsbau in Europa an. 2019 startete eine Europäische Bürgerinitiative Housing for all mit dem Ziel einer sozialeren europäischen Wohnungspolitik. Die Initiative wurde maßgeblich vorangetrieben von Verbänden und Einzelpersonen aus der österreichischen Hauptstadt.

Das Problem Wiens und Österreichs: Wenn staatlich unterstützter Wohnungsbau zu umfassend ist, dann verstößt er gegen europäisches Recht. Dieses verbietet Begünstigungen, wenn sie den Wettbewerb verzerren. Was beim sozialen und gemeinnützigen Wohnungsbau eindeutig der Fall ist. Schließlich sollen geförderte Unternehmen ja Wohnraum zu günstigeren Mieten anbieten – und damit gegenüber ihrer Konkurrenz die Nase vorn haben.

Das Verbot von Begünstigungen gilt zwar nur eingeschränkt: Es gilt nicht, wenn gesellschaftlich notwendige Dienstleistungen nur dank staatlicher Förderung überhaupt angeboten werden; wenn der Markt alleine sie also nicht zur Verfügung stellt. Im EU-Sprech sind das »Dienstleistungen von allgemeinem wirtschaftlichem Interesse«. Bezahlbarer Wohnraum für bedürftige Haushalte gilt in diesem Sinne als gesellschaftlich notwendig. Wohnungen durch Förderung für bedürftige Haushalte bezahlbar zu machen, ist daher erlaubt. Wobei die Staaten in der Definition von Bedürftigkeit einen gewissen Spielraum haben.[25]

Mehr erlaubt das Europarecht aber eben nicht. Staatlich finanzierter Wohnungsbau darf sich nicht an breite Schichten der Bevölkerung richten. Was Konsequenzen hat: Schweden hat seine Wohngemeinnützigkeit zwischenzeitlich abgeschafft. Die Niederlande haben die Einkommensgrenzen für den Zugang zu gefördertem Wohnraum abgesenkt. Frankreich will seinen Sektor für Sozialwohnungen verkleinern. Und in Österreich sind die Sorgen groß. Denn dort haben theoretisch 70 Prozent der Bevölkerung Anspruch auf eine gemeinnützige Wohnung – breite Schichten der Bevölkerung eben.[26]

2021 hat die Koalition aus SPD, Grünen und FDP in ihrem Koalitionsvertrag festgeschrieben, in Deutschland wieder eine Wohngemeinnützigkeit einführen zu wollen. Sicher ist: So breit, wie deren Zielgruppe in der alten Wohngemeinnützigkeit war, darf sie in der neuen nicht mehr sein. Und auch sonst hat das, was die Ampelkoalition tatsächlich umsetzen möchte, nur wenig mit der eigentlichen Wohngemeinnützigkeit zu tun. Einmal mehr zeigt sich: Abgeschafft sind sozialstaatliche Institutionen schnell. Sie wiedereinzuführen aber ist ungleich schwerer.

Endnoten

1 Deutsche Bundesregierung (2021) »Vierter Bericht der Bundesregierung über die Wohnungs- und Immobilienwirtschaft in Deutschland und Wohngeld- und Mietenbericht 2020«, https://www.bmi.bund.de/SharedDocs/downloads/DE/veroeffentlichungen/2021/06/bericht-bauwirtschaft.pdf (Abruf 13. Juli 2021).

2 Deutsche Bundesbank (2023a) »Preisindikatoren (Stand: letzte Veröffentl. des Indikatorensystems Wohnimmobilienmarkt) / Wohnimmobilienpreisindex Deutsche Bundesbank / Mieten für Eigentumswohnungen insgesamt; transaktionsbezogene Objekt- und Regionalgewichtung / 127 Städte / Ursprungswerte«, https://www.bundesbank.de/dynamic/action/de/statistiken/zeitreihen-datenbanken/zeitreihen-datenbank/723452/723452?listId=www_siws_iswi_preise6&tsId=BBDY1.A.B10.N.G300.P0810.A&dateSelect=2022 (Abruf 23. August 2023).

3 Schreiner, P. / Fuhrmann, M. (2022) »Wohnungspolitik - ein Thema für Gewerkschaften!«, in: *WSI Mitteilungen* 3, S. 254–256.

4 Arnim, B. (2008) »Dies Buch gehört dem König«, München: dtv.

5 GdW – Bundesverband deutscher Wohnungs- und Immobilienunternehmen (2014) »90 Jahre Die Wohnungswirtschaft. Die Geschichte des GdW und seiner Vorläuferverbände«, Berlin.

6 Führ, E. / Stemmrich, D. (1985) »›Nach gethaner Arbeit verbleibt im Kreise der Eurigen‹. Bürgerliche Wohnrezepte für Arbeiter zur individuellen und sozialen Formierung im 19. Jahrhundert«, Wuppertal: Peter Hammer Verlag.

7 GdW – Bundesverband deutscher Wohnungs- und Immobilienunternehmen (2014) »90 Jahre Die Wohnungswirtschaft. Die Geschichte des GdW und seiner Vorläuferverbände«, Berlin.

8 Anonym (1946) »Der Bürgermeister als Dandy«, *Die Welt*, 21. November 1946.

9 Staatliche Archive Bayerns (Hrsg.) (2020) »›Die brennendste aller sozialen Fragen‹. Kommunale Wohnungspolitik zwischen 1918 und 1954 in München, Nürnberg, Erlangen«, https://www.gda.bayern.de/fileadmin/user_upload/PDFs_fuer_Publikationen/Kleine_Ausstellungen/Kl-Katalog-63-Wohnungsnot.pdf (Abruf 06. Januar 2022).

10 VdW Bayern (2009) »Die Geschichte des sozialen Wohnens«, https://www.vdwbayern.de/wp-content/uploads/2020/10/VdW_Bayern_Chronik_web-1.pdf (Abruf 06. Januar 2022).

11 Kaltenborn, W. (1986) »Entstehung und Entwicklung gewerkschaftlicher Wohnungswirtschaft«, in: *Zeitschrift für öffentliche und gemeinwirtschaftliche Unternehmen* 9/1, S. 24–35.

12 Jenkis, H. (Hrsg.) (1996) »Kompendium der Wohnungswirtschaft«, 3. Auflage, München/Wien: Oldenbourg.

13 Jenkis, H. (1986) »Reform oder Abschaffung des Wohnungsgemeinnützigkeitsgesetzes? Teil I«, in: *Zeitschrift für öffentliche und gemeinwirtschaftliche Unternehmen* 9/1, S. 14–23. Jenkis, H. (1986) »Reform oder Abschaffung des Wohnungsgemeinnützigkeitsgesetzes? Teil II«, in: *Zeitschrift für öffentliche und gemeinwirtschaftliche Unternehmen* 9/2, S. 155–168.

14 Deutscher Bundestag (1987) »Beschlußempfehlung und Bericht des 3. Untersuchungsausschusses ›NEUE HEIMAT‹ nach Artikel 44 des Grundgesetzes zu dem Antrag der Fraktionen der CDU/CSU und der FDP — Drucksache 10/5575 — Einsetzung eines Untersuchungsausschusses«, in: *Bundestags-Drucksache* 10/6779.

15 Hirschel, D. / Krämer, R. / Schreiner, P. (2019) »Gutes Wohnen für alle. Für eine soziale Wohnungspolitik«, Berlin: ver.di.

16 Schulz, B. (2005) »Eingefleischter Investor«, *Frankfurter Allgemeine Zeitung,* 30. Mai 2005, https://www.faz.net/aktuell/finanzen/eingefleischter-investor-1231710.html (Abruf 05. Januar 2022).

17 Bontrup, H. (2018) »Gutachterliche Stellungnahme zur Vonovia SE. Finanzinvestor mit angeschlossener Immobilienwirtschaft«, Witten.

18 Kofner, S. / Jochimsen, K. (2017) »Börsennotierte Wohnungsunternehmen als neue Akteure auf dem Wohnungsmarkt – Börsengänge und ihre Auswirkungen«, in: *BBSR-Online-Publikation* 1.

19 Franke, J. (2018) »Handelsaktivitäten mit Mietwohnungsportfolios im Jahr 2017 auf niedrigem Niveau«, in: *BBSR-Analysen kompakt* 5.

20 Schönherr, H. (2019) »Brecher der Blockade«, *Die Tageszeitung,* 01. Juni 2019.

21 Wilker, S. (2019) »Rekommunalisierung in Osnabrück erfolgreich«, in: *Lunapark21 Extra 21*, S. 68–70.

22 Lahmann-Lammert, Rainer (2019) »Warum die Stadt Osnabrück ihre Wohnungsbaugesellschaft 2002 verkaufte«, in: *Neue Osnabrücker Zeitung* vom 18. Mai 2019.

23 Krätke, M. (2019) »Das Rote Wien: Eine sozialdemokratische Utopie«, in: *spw* 3, S. 89–92.

24 Klien, M. / Streicher, G. (2021) »Ökonomische Wirkungen des gemeinnützigen Wohnbaus«, Wien: WIFO.

25 Lange, P. (2022) »Die neue Wohngemeinnützigkeit. Unionsrechtliche Bedingungen für die Ausgestaltung der sozialen Zielgruppe«, in: *Working Paper Forschungsförderung* 263.

26 Streimelweger, A. (2014) »Die Europäische Union und der soziale Wohnbau – ein Spannungsverhältnis«, http://www.beigewum.at/wp-content/uploads/Streimelweger29-39.pdf (Abruf 11. April 2019).

Schluss
Für einen politischen Kurswechsel

Der Sozialstaat leistet einiges: Er gibt Sicherheit in schwierigen Lebenslagen. Er verteilt Einkommen um. Er sorgt für Gerechtigkeit. Vor den Unwägbarkeiten des Lebens und des Kapitalismus kann er uns zwar nicht schützen. Wohl aber kann er dabei unterstützen, mit diesen besser zurechtzukommen. In diesem Buch sind Sie Menschen begegnet, die beruflich oder ehrenamtlich in sozialen Einrichtungen tätig sind oder waren. Menschen wie diese machen unseren Sozialstaat aus. Tag für Tag helfen, versorgen und beraten sie. Damit machen sie unsere Gesellschaft ein Stück menschlicher.

Dennoch scheint der Sozialstaat nicht hoch im Kurs zu stehen. Auch das zeigen die Gespräche und Berichte der Menschen in diesem Buch. Ganz gleich ob in Gesundheit und Pflege, in gemeinwohlorientierten Wohnungsunternehmen, in Erziehung und Bildung, in der Sozialen Arbeit oder der öffentlichen Verwaltung: Es fällt ein immer wiederkehrendes Muster auf, ein unguter Fünfklang aus unzureichender Anerkennung, mangelhaften Arbeitsbedingungen, fehlenden Geldern, übertriebener Marktgläubigkeit und ungedeckten sozialen Bedarfen. Es mangelt an Wertschätzung. Fehlendes Personal, Überlastung, ungedeckte Bedarfe, unzureichende Investitionen, hohe Preise und Qualitätsmängel sind oft die Folgen, unter denen letztlich wir alle zu leiden haben. Zugleich sind die Leistungen des Sozialstaats an vielen Punkten unzureichend. Erinnert sei beispielsweise an den Mangel an bezahlbarem Wohnraum, an die unsichere Finanzlage der Sozialarbeit mit sogenannten Straßentrinkern sowie an die wachsende Alters- und Pflegearmut.

Wir brauchen deshalb einen politischen Kurswechsel, der weit über Sozialpolitik hinausreicht.

Dazu gehört erstens, die Beschäftigten in sozialstaatlichen Einrichtungen – seien diese privat, gemeinnützig oder staatlich – als das zu sehen, was sie sind: Expertinnen und Experten. Sie haben nicht einfach ein großes Herz zum Beruf gemacht, sondern sich professionelle Kenntnisse und Kompetenzen erworben, die sie in ihre Arbeit einbringen. Selbst wenn »Gutes tun« für viele Motivation sein mag, kann dies berufliche Anerkennung nicht ersetzen.

Diese Anerkennung hat nicht nur, aber auch eine materielle Seite: Die Arbeit in sozialstaatlichen Dienstleistungen muss – zweitens – attraktiver werden. Das bedeutet vor allem, dass sie besser bezahlt und beschäftigtenfreundlicher werden muss. Dazu sind Tarifverträge und Mitbestimmung die erste Wahl. Sie müssen flächendeckend die Regel werden, und zwar auch in ausgegliederten Einheiten (etwa von Krankenhäusern, sozialen Trägern und Wohnungsunternehmen). Der öffentlichen Hand stehen mit Blick auf die Tarifbindung zwei mächtige Instrumente zur Verfügung: Sie kann allen Betrieben, die öffentliche Gelder bekommen, die Anwendung von Tarifverträgen vorschreiben. Und sie kann Tarifverträge für allgemeinverbindlich erklären – alle Unternehmen der jeweiligen Branche müssen diese dann anwenden. Dass die Politik diese Instrumente nicht stärker nutzt, ist ein Problem. Ein anderes Problem ist, dass viele, die im öffentlichen oder sozialen Bereich arbeiten, kein Gewerkschaftsmitglied sind. Das macht die Arbeitgeber stark und die Beschäftigten schwach. Unter solchen Bedingungen gute Tarifverträge durchzusetzen, ist schwer.

Zu guten Arbeitsbedingungen gehört insbesondere ausreichendes Personal. Es braucht zum Beispiel in Krankenhäusern, Jobcentern, Kitas, Jugendämtern und Pflegeheimen klare

Vorgaben, wie viele Stellen vorzuhalten und zu besetzen sind. Von ausreichendem Personal profitieren nicht nur die Beschäftigten, sondern wir alle. Denn für eine gute Qualität braucht es nun einmal ausreichend Beschäftigte, die Dienstleistungen konzentriert und ohne Stress oder Hetze erbringen. Eine gute Personalausstattung macht zudem Schluss mit einer unzulässigen Praxis, die vor allem in Krankenhäusern und Pflege weit verbreitet ist: das sogenannte Holen aus dem Frei. In einer Umfrage sagten 2016 gerade mal vier Prozent der teilnehmenden Pflegekräfte, dass sie »nie« aus ihrer Freizeit an den Arbeitsplatz beordert werden.[1]

Gegen die Forderung, mehr Personal einzustellen, argumentieren Arbeitgeber gerne mit dem Fachkräftemangel. »Leider, leider«, so sagen sie, sei niemand zu bekommen. Tatsächlich aber ist es umgekehrt: Die schlechten Arbeitsbedingungen führen dazu, dass das vorhandene Personal Reißaus nimmt oder die Arbeitszeit reduziert. Das berichten auch einige der Beschäftigten in diesem Buch. Es ist kein Zufall: In Pflege, Rettungsdienst, Geburtshilfe, sozialer Arbeit und öffentlichem Dienst liegen die Teilzeitquoten weit über dem Durchschnitt aller Berufe. In vielen anderen Bereichen des Sozialstaats sieht es kaum besser aus.[2] Hinzu kommen all jene, die ihren sozialen Beruf vollständig aufgegeben haben.

Zu schlechten Arbeitsbedingungen tragen nicht zuletzt unflexible Arbeitszeiten bei. Für viele Arbeitgeber ist die Vereinbarung von Familie und Beruf noch immer ein Fremdwort. So gibt es Ämter, die von ihren Beschäftigten an bestimmten Wochentagen verlangen, bis 18 Uhr anwesend zu sein. Oder die diese freitags um 14 Uhr ins Wochenende schicken. Und in mancher Pflege- und Gesundheitseinrichtung sind strikte Schichtpläne ausnahmslos einzuhalten –

während umgekehrt von den Beschäftigten zeitliche Flexibilität und ständig wechselnde Arbeitszeiten erwartet werden.

Arbeitsverträge sind zudem übermäßig häufig befristet – zum Beispiel, wenn öffentliche Geldgeber lieber Projekte als dauerhafte Stellen finanzieren. Solche Verträge sind nicht geeignet, Beschäftigte zu gewinnen und zu halten. Zumal diese Projektitis häufig mit schlechterer Bezahlung einhergeht.

Vor diesem Hintergrund verwundert es nicht, dass der Fachkräftemangel in den sozialstaatlichen Bereichen in der Tat enorm ist. Vier der fünf Berufe mit den größten Lücken sind soziale Berufe: Sozialarbeit, Kindererziehung, Altenpflege und Krankenpflege.[3] Doch das Problem ist hausgemacht. Offenbar ist das Leiden der Politik und vieler Arbeitgeber am Fachkräftemangel noch nicht groß genug, um hier ein Umzudenken einzuleiten.

Schlechte Arbeits- und Rahmenbedingungen sind das eine, ungenutzte Möglichkeiten das andere: In Deutschland gibt es über 2,6 Millionen Menschen im Alter zwischen 20 und 34 Jahren, die über keinen berufsqualifizierenden Abschluss verfügen.[4] Das sind potenzielle Fachkräfte. Auch wenn es bei vielen dieser Menschen vielleicht einer besonders intensiven Betreuung und Begleitung bedarf: Politik und Arbeitgeber, die über einen Mangel an qualifizierten Beschäftigten jammern, sind in der Verantwortung, sie an eine fachliche Qualifikation heranzuführen.

Der dritte Punkt für einen politischen Kurswechsel: Bessere Arbeitsbedingungen, Qualifizierung, höhere Entgelte und bessere sowie bedarfsgerechtere soziale Leistungen kosten Geld. Viel Geld. An dem es heute schon mangelt – das zieht sich wie ein roter Faden durch dieses Buch.

Und das dürfte sich noch verschärfen, bewahrheitet sich aktuell doch einmal mehr eine alte Erkenntnis: In Zeiten knapper Kassen legen Regierungen die Axt zuallererst am Sozialstaat an. Der Bundeshaushalt 2024 sieht nicht zuletzt Kürzungen im sozialen Bereich vor. Einige wichtige soziale Maßnahmen setzen SPD, Grüne und FDP nur in billigen Rumpfversionen um. Und all das dürfte nur der Anfang sein. Die Verteilungskämpfe werden schärfer. Schließlich drängt zum einen die Unternehmenslobby seit einiger Zeit verstärkt darauf, Steuern zu senken und Sozialbeiträge zu begrenzen. Sie findet damit nicht nur bei Liberalen und Konservativen Gehör. Wenn sie sich durchsetzt, wird das die Einnahmen der öffentlichen Haushalte und Sozialversicherungen schwächen und neue Löcher reißen.

Und zum anderen dürften steigende Militärausgaben die Spielräume in den kommenden Jahren und Jahrzehnten weiter einschränken.[5] Das gilt jedenfalls, wenn die jüngsten Beschlüsse zur massiven Aufrüstung nicht wieder aufgehoben werden. Momentan werden die zusätzlichen Rüstungsausgaben durch ein Sondervermögen finanziert, also durch Kredite. 2027 wird der dafür vorgesehene Spielraum aufgebraucht sein. Dann müssen jährlich 20 Milliarden Euro wohl zusätzlich aus dem Bundeshaushalt finanziert werden. Zum Vergleich: Diese Summe entspricht ungefähr drei Viertel der aktuellen Ausgaben für die Regelsätze des Bürgergelds; die gesamten Bundeszuschüsse für die gesetzliche Krankenversicherung überschreitet sie deutlich.[6]

Eine Spar- und Kürzungspolitik zulasten des Sozialstaats ist aber weder zwingend noch alternativlos. Um den Sozialstaat ausreichend zu finanzieren, stehen der öffentlichen Hand im Kern drei

Möglichkeiten zur Verfügung: Sie kann höhere Steuern erheben. Sie kann die Sozialbeiträge erhöhen, aus denen sich die Sozialversicherungen finanzieren. Und sie kann sich stärker verschulden. Sinnvoll und notwendig sind alle drei.

Die Aufnahme von Staatsschulden ist heute in Deutschland und Europa selbst für Investitionen eng begrenzt und bisweilen gar verboten. Das liegt an der sogenannten Schuldenbremse und dem europäischen Schuldenregime. Es ist absurd: Unternehmen können ihre Investitionen durch Kredite vorfinanzieren, dem Staat bleibt diese Möglichkeit aber weitgehend verwehrt. Noch absurder ist, dass Liberale (FDP), Konservative (CDU/CSU), Sozialdemokratie (SPD) und Grüne diese Investitionsbremse in einer ganz großen Koalition in diverse Verfassungen geschrieben haben. Am absurdesten aber ist, dass sie dies in einer Zeit taten, in der die steigenden Bedarfe für Investitionen in öffentliche Infrastruktur, Sozialstaat und Klimaschutz längst absehbar waren. Diesen historischen Fehler gilt es zu korrigieren – die Schuldenbremse gehört abgeschafft. Dies gilt umso mehr, nachdem das Bundesverfassungsgericht im November 2023 bis dahin von Bund und Ländern genutzte Möglichkeiten, die Schuldenbremse zu umgehen, als unzulässig erklärt hat.

Die mangelnde finanzielle Handlungsfähigkeit des Staates hat einen weiteren Grund. In den letzten Jahren und Jahrzehnten hat die Politik die Unternehmen und die Reichen deutlich entlastet. Insofern ist es absurd, wenn Liberale, Konservative und Unternehmenslobby nun erneut für niedrigere Steuern trommeln. Alle Steuerarten zusammengenommen, wurden die fünf Prozent ärmsten Haushalte zwischen 1998 und 2015 um über sechs Prozent mehr belastet. Für das reichste Prozent der Haushalte hat sich die Steuerlast hingegen um fast fünf Prozent verringert.[7] Die Vermögensteuer hat man Ende der 1990er Jahre ersatzlos wegfallen lassen, die Erbschaftsteuer zu einer Bagatelle verkleinert, die oberen Steuersätze der Einkommensteuer und die Unternehmenssteuern gesenkt. Das hat die soziale Ungleichheit mitangetrieben. Insofern besteht sowohl Anlass als auch Spielraum für eine höhere Besteuerung großer Einkommen, Unternehmensgewinne und Vermögen. Gerade letztere, die ja sehr ungleich verteilt sind, sollten dabei auf dreierlei Weisen herangezogen werden: durch eine dauerhafte Vermögensteuer, durch eine höhere Erbschaftsteuer (auch auf Betriebsvermögen) sowie durch eine einmalige oder befristete Vermögensabgabe zur Finanzierung der absehbar enormen Zukunftsinvestitionen. Ferner sind nationale und internationale Steuerschlupflöcher zu schließen.

Gegen eine solche Steuerpolitik und gegen höhere Sozialbeiträge sprechen weder Ökonomie noch Moral. Das einzige Problem, das sich stellt, ist ein politisches: Es werden massive Widerstände derer zu überwinden sein, die ihrer Verantwortung für eine ausreichende Finanzierung des Sozialstaats nicht nachkommen wollen. Liberale, Konservative, Reiche und Arbeitgeber werden hier einmal mehr Hand in Hand gehen.

Gegen einen umfassenden, starken Sozialstaat bringen sie vor allem ein Argument vor: Der demografische Wandel, so sagen sie, lasse die Sozialausgaben ins Unermessliche steigen. Die alternde Bevölkerung führe zu steigenden Renten-, Pflege- und Gesundheitskosten, die die Jungen überlasteten. Was ist davon zu halten? Zunächst trifft zu, dass der demografische Wandel zu steigenden Kosten führt, die durch steigende Steuereinnahmen und Sozialbeiträge finanziert werden müssen. Schließlich gibt es immer mehr

Ältere, während die Zahl der Menschen im arbeitsfähigen Alter zurückgeht. Grund zur Panik besteht dennoch nicht. Denn daraus folgt keineswegs, dass die Versicherten oder ihre Arbeitgeber am Ende weniger in der Tasche haben werden.

Entscheidend ist vielmehr die Entwicklung der Produktivität: Wenn eine Gesellschaft dank besserer Technologie und Bildung mehr Güter und Dienstleistungen pro Arbeitsstunde produziert, dann schafft sie damit höhere Einkommen. So können dann wiederum höhere Renten und andere Sozialleistungen finanziert werden und zugleich die Einkommen der Erwerbstätigen steigen. Berechnungen des Statistischen Bundesamts legen jedenfalls nicht nahe, dass die Bevölkerung langfristig schneller altert, als es die zu erwartende gesteigerte Arbeitsproduktivität ausgleichen könnte.[8]

Dennoch findet das Demografie-Argument einiges Gehör. Selbst in Gewerkschaften sowie Mitte-Links-Parteien und unter abhängig Beschäftigten gehen ihm manche auf dem Leim. Steigende Sozialbeiträge und Steuern, so glauben sie, seien politisch nicht vermittelbar oder würden die Arbeitnehmerinnen und Arbeitnehmer belasten. Das Gegenteil ist der Fall: Steuern bezahlen zu einem guten Teil Unternehmen und Haushalte mit hohen Einkommen beziehungsweise Gewinnen. Und Sozialbeiträge bezahlen die Arbeitgeber zur Hälfte. Sie profitieren also davon, wenn Sozialleistungen gekürzt werden, um Steuern zu senken oder Sozialbeiträge auszubremsen. Das Nachsehen hingegen haben alle, die die Sozialleistungen erhalten – das sind in erster Linie Arbeitnehmerinnen, Arbeitnehmer, Rentnerinnen, Rentner und sozial Benachteiligte.

Am Beispiel der Altersvorsorge wird das vielleicht am deutlichsten: Für abhängig Beschäftigte mag es attraktiv erscheinen, während des Erwerbslebens weniger Rentenbeiträge zu bezahlen. Allerdings wird ihnen jeder eingesparte Euro später bei der eigenen Rente gleich doppelt fehlen. Denn auch der Arbeitgeber, der ja die Hälfte der Rentenbeiträge übernimmt, zahlt diesen Euro nicht in die Rentenkasse ein.[9]

Liberale, Konservative, Reiche und Arbeitgeber werden sich auch gegen einen weiteren – vierten – Bestandteil des notwendigen Kurswechsels wenden: die Abkehr von Marktfetisch und Privatisierungen. Der Trend zu immer mehr Konkurrenz und immer mehr privaten Leistungserbringern in der ambulanten und stationären Pflege, im Wohnungswesen und bei Krankenhäusern hat zu mehr Profiten bei geringerer Qualität geführt. Und das bei oftmals höheren Preisen oder niedrigeren Löhnen. Wir brauchen deshalb dringend wieder mehr Vertrauen in öffentliche Einrichtungen und gemeinnützige Träger. Ein Stück weit ist das Vertrauen in uns selbst, schließlich sind zumindest öffentliche Einrichtungen demokratisch kontrolliert. Wir brauchen einen selbstbewussten Sozialstaat, der in Märkte eingreift und sie korrigiert. Privatisierungen gilt es in allen sozialstaatlichen Bereichen zu stoppen. Ferner muss es gelingen, private Leistungserbringer Schritt für Schritt wieder in öffentliche Kontrolle oder in das Regelwerk der Gemeinnützigkeit zu überführen. An den wenigen Stellen, an denen dies nicht sinnvoll erscheint, muss Politik dem Profitstreben strikte Grenzen setzen.

Und schließlich brauchen wir – fünftens – ein Umdenken bei den sozialstaatlichen Leistungen und Dienstleistungen. Deren Höhe und Umfang darf sich nicht nach der Finanzlage richten, sondern muss sich an bestehenden Bedarfen orientieren: Renten beispielsweise müssen zum Leben reichen, Wohnungen müssen bezahlbar und ein hochwertiges Gesundheitssystem muss für alle zugänglich sein. Wenn es soziale Arbeit braucht, muss sie angeboten werden. Erwerbslose müssen ausreichende Unterstützung erfahren – ohne Schikanen und Hetze. Die Pflegeversicherung muss alle pflegebedingten Kosten vollständig decken. Wer einen Kitaplatz braucht, muss auch tatsächlich einen angeboten bekommen – und zwar wohnortnah und ohne starre Bring- und Abholzeiten.

Um den beschriebenen Kurswechsel umzusetzen, bedarf es nicht nur einer anderen Sozial-, Wirtschafts- und Finanzpolitik, sondern auch eines anderen Bewusstseins von der Bedeutung des Sozialstaats. Das gilt generell für öffentliche und soziale Dienstleistungen. Wir brauchen insbesondere ein Bewusstsein dafür, dass sie produktiv sind. Nicht nur Industrie, Handwerk und private Dienstleistungen schaffen Werte für diese Gesellschaft. Wer in sozialen und öffentlichen Dienstleistungen Kosten und Belastung sieht, verkennt ihre tatsächliche Bedeutung: Sie machen unser Leben besser, indem sie Nützliches und Unverzichtbares schaffen. Zwischen einem Hersteller von Küchenmaschinen, einer Bäckerei, einem Streamingdienst, einem Pflegeheim und einem Jugendamt gibt es diesbezüglich keinen Unterschied. Darüber hinaus aber helfen die sozialen und öffentlichen Dienstleistungen, Menschenwürde zu verwirklichen, der Ungleichheit entgegenzuwirken und Lebensrisiken abzusichern. Und ganz nebenbei stabilisieren sie unsere Ökonomie. Denn sie sind in Wirtschaftskrisen auch dann noch da, wenn private Unternehmen ihre Aktivitäten längst herunterfahren und Beschäftigte entlassen. Das jedenfalls, wenn die Politik nicht mit Kürzungen und Entlassungen reagiert und so die Krisen noch verschärft.

Das ist der nötige politische Kurswechsel: Wir brauchen mehr und bessere soziale und öffentliche Dienstleistungen, höhere soziale Leistungen, mehr Umverteilung von oben nach unten, weniger Privatisierung, mehr öffentliche und gemeinnützige Akteure im sozialen Bereich, eine ausreichende Finanzierung des Sozialstaats, mehr Akzeptanz für steigende Sozialbeiträge, mehr Steuern für Reiche, und die Schulden- und Investitionsbremse muss abgeschafft werden. Die Beschäftigten sind höher zu entlohnen. Die Bedingungen, unter denen sie arbeiten, sind zu verbessern – insbesondere durch mehr Personal. Ihre Expertise und ihre Arbeit müssen wir mehr würdigen.

Leicht wird all das nicht. Der beschriebene Kurswechsel wäre selbst dann nicht einfach, wenn es politische Mehrheiten für ihn gäbe. Denn es ist seinen Gegnerinnen und Gegnern gelungen, Pflöcke einzuschlagen. Sie haben Vorkehrungen getroffen; sie haben ihre politischen Vorstellungen gewissermaßen in Strukturen gegossen. Für eine andere Politik genügt es daher nicht einfach, entsprechende Beschlüsse zu fassen. Notwendig ist es vielmehr, diese Strukturen zu verändern. Am Beispiel der Privatisierungen wird das vielleicht am ehesten deutlich: Privatisiert ist leicht und schnell – einen Betrieb oder gar eine ganze Branche aber wieder in öffentliche Kontrolle zu überführen, ist ungleich schwerer. Ähnliches gilt für den Bedeutungsverlust, den Gemeinnützige etwa bei Arbeitsmarktmaßnahmen, Wohnen, Pflege und Krankenhäusern erlitten haben. Hier haben sich private Akteure breitgemacht. Hinzu kommen weitere rechtliche Hürden: Unterschiedliche Faktoren wie die grundgesetzliche Schuldenbremse, Vorkehrungen zum Investitionsschutz in internationalen Abkommen und das Recht der Europäischen Union machen eine sozialpolitische 180-Grad-Wende heute schwierig.

Ein solcher Kurswechsel wäre umso wichtiger, als die Bedeutung des Sozialstaats angesichts des bevorstehenden sozialökologischen Umbaus noch wachsen wird. Der Klimawandel stellt unsere Gesellschaft vor Aufgaben historischen Ausmaßes. Über viele Jahrzehnte entwickelte Technologien und Konsumweisen müssen wir binnen weniger Jahre komplett durch klimaneutrale Alternativen ersetzen. Diese Alternativen gibt es, sie erfordern jedoch enorme Anstrengungen und Investitionen. Hier sind in erster Linie private Unternehmen gefragt, aber auch für die öffentliche Hand ergeben sich beträchtliche Aufgaben. Zugleich verändert der sozialökologische Umbau nicht nur die Arbeitswelt, weil etwa viele gute und gut bezahlte Jobs wegfallen werden. Dieser Umbau wirkt sich vielmehr auch darauf aus, wie Einkommen und Vermögen verteilt sein werden. Zumindest in der Übergangsphase hin zu einer Zukunft mit erneuerbaren Energien sind steigende Kosten etwa für Wohnen, Wärme, Mobilität und Ernährung wahrscheinlich. Die aber können sich nicht alle Menschen ohne Weiteres leisten.

Damit stellt sich die Frage, wer diese Kosten zu tragen hat. Es stellt sich die Verteilungsfrage (einmal mehr – denn schon den Sozialstaat bedarfsgerecht zu stärken, wirft sie ja auf). Und das übrigens auch aus Klimaschutzgründen, denn soziale Ungleichheit treibt die klimaschädlichen Emissionen in vielerlei Hinsicht. Der Klimaschaden, den reichere Haushalte und Menschen verursachen, ist überdurchschnittlich groß. Zugleich untergräbt die Angst, durch Klimaschutz den Job zu verlieren oder sozial abzusteigen, die Unterstützung für entsprechende Maßnahmen. Eine sozial gespaltene Gesellschaft wird dem Klima sicher keine Priorität einräumen.[10]

Wir tun gut daran, in dieser Situation das Schlagwort vom sozialökologischen Umbau ernst zu nehmen: Der Weg zu einer klimaneutralen Gesellschaft muss sozial und ökologisch zugleich und in gleichem Maße sein. Wir sollten nicht die Fehler der ersten Industrialisierung oder der wirtschaftsliberalen 1920er Jahre wiederholen: Wir sollten nicht glauben, dass der Markt und eigenverantwortliche Individuen mit den entstehenden Problemen selbst fertig würden oder werden sollten. Denn dafür steht zu viel auf dem Spiel, ökologisch und sozial gleichermaßen. Wir brauchen nicht weniger, sondern mehr Sozialstaat.

Den brauchen wir im Übrigen auch, weil ein breites und flexibles Angebot an Kitas, schulischer Ganztagsbetreuung und Pflegeeinrichtungen dem Fachkräftemangel entgegenwirkt. Für den sozialökologischen Umbau braucht es mehr Fachpersonal etwa im öffentlichen Verkehr und im Handwerk, in Industrie und Technologieforschung. Verlässliche Kinderbetreuung und Pflegeangebote erlauben Eltern und pflegenden Angehörigen – und damit möglichen Fachkräften – die Teilhabe am Arbeitsmarkt.

Entsprechend gilt es, beides zugleich möglich zu machen: Klimaneutrale Produktion mit entsprechenden Zukunftstechnologien und einen umfassenden Sozialstaat. Und es gilt, in die Verteilung von Einkommen und Vermögen korrigierend einzugreifen. Damit es für alle genug zum Leben gibt.

Endnoten

1 DBfK – Deutscher Berufsverband für Pflegeberufe e. V. (2016) »Mein Recht auf Frei!«, Berlin: DBfK.

2 Statistisches Bundesamt »Erwerbstätigkeit« (o. J.) https://www.destatis.de/DE/Im-Fokus/Fachkraefte/Erwerbstaetigkeit/_inhalt.html (Abruf 22. November 2023).
Bundesagentur für Arbeit (2023) »Sozialwesen«, https://statistik.arbeitsagentur.de/DE/Statischer-Content/Statistiken/Themen-im-Fokus/Berufe/AkademikerInnen/Berufsgruppen/Generische-Publikationen/2-7-Sozialwesen.pdf?__blob=publicationFile (Abruf 22. November 2023).
Wanger, S. (2020) »Entwicklung von Erwerbstätigkeit, Arbeitszeit und Arbeitsvolumen nach Geschlecht«, in: *IAB Forschungsbericht* 16.

3 Hickmann, H. / Koneberg, F. (2022) »Die Berufe mit den aktuell größten Fachkräftelücken«, in: *IW Kurzbericht* 67, S. 1–3.

4 Bundesregierung (2023) »Berufsbildungsbericht 2023«, Berlin: Bundesministerium für Bildung und Forschung.

5 Einen Vorgeschmack auf das, was uns droht, bot die ZDF-Sendung Maybrit Illner am 22. Februar 2024. Dort hatte zunächst Grünen-Chefin Ricarda Lang gefordert, man müsse eben Rüstung und Sozialstaat zugleich finanzieren. Ihr entgegnete der Volkswirt und Präsident des Münchner Ifo-Instituts Clemens Fuest, dass schon in der Vergangenheit Mehrausgaben für das Militär stets zu Kürzungen an anderer Stelle geführt hätten: »Ich verstehe, dass sie sich nicht hinstellen und sagen, tut mir leid, Leute, wir kürzen jetzt den Sozialstaat zusammen. Aber das wird so sein. Kanonen und Butter – es wäre schön, wenn das ginge, aber das ist Schlaraffenland. Das geht nicht. Es geht nur Kanonen ohne Butter.« Anders als Lang, schien der grüne Vizekanzler Robert Habeck das schon verinnerlicht zu haben. Wenige Tage vor Maybrit Illner hatte er in die Mikrofone von N-TV gesagt: »Wenn es heißt, ohne Sicherheit ist alles nichts, dann heißt das auch, das andere ist weniger wert.«
[Nachweise: ZDF (2024) »Maybrit Illner«, 22. Februar 2024, https://www.youtube.com/watch?v=EQFvUAWvYSI (Abruf 24. Februar 2024).
Blome, N. / Schmidt-Denker, H. (2024) »Jetzt wollen sogar die Grünen massive Aufrüstung«, https://www.n-tv.de/politik/Jetzt-wollen-sogar-die-Gruenen-massive-Aufruestung-article24743637.html (Abruf 24. Februar 2024)]

6 Roth, E. (2024) »Wer wird ärmer?«, *ND Die Woche*, 10. Februar 2024.

7 Eicker-Wolf, K. (2024) »Verteilungsfragen in der ›Zeitenwende‹«, in: Eifler, U. (Hrsg.) *Den Frieden gewinnen, nicht den Krieg. Zur Rolle der Gewerkschaften in der Friedensbewegung*, Münster: Westfälisches Dampfboot [im Erscheinen].

8 Niemeyer, E. (2021) »Beitragsfinanzierung im ›demografiegestressten‹ Rentensystem möglich«, in: *Wirtschaftsdienst* 6, S. 454–460.
Hirschel, D. / Krämer, R. / Schreiner, P. (2016) »Die gesetzliche Rente stärken!«, Berlin: ver.di.

9 Eicker-Wolf, K. / Schreiner, P. (2023) »Wirtschaftsmärchen. Hundertundeine Legende über Ökonomie, Arbeit und Soziales«, Köln: PapyRossa.

10 Green, F. / Healy, N. (2022) »How inequality fuels climate change: The climate case for a Green New Deal«, in: *One Earth* 5–6, S. 635–649.

Brumaire